신 통 기

그리스 신들의 계보

제우스와 올륌포스의 신들

(왼쪽) ┃ 올림포스 신들의 왕인 제우스와 그에게 간청하는 테튀스
(시계 방향으로) ┃ 아테네와 헤라클레스 ┃ 아폴론 ┃ 아프로디테 ┃ 하데스 ┃ 포세이돈

노래 연습 중인 세 무사이

| 헤시오도스는 헬리콘 산에서 목동 일을 하다가 무사이 여신들에 의해 시인의 소명을 받아 신들의 가족사를 이야기할 수 있게 된다. —17세기 화가 라 쉬에르의 그림

아프로디테, 헤르메스, 에로스

에로스는 어머니 아프로디테를 따라다니는 사랑의 신이다. 그렇지만, 헤시오도스에 따르면 태초에 카오스와 가이아 그리고 타르타로스가 생겨날 때 에로스도 같이 태어났다.
—16세기 화가 코레조의 그림

자식을 잡아먹는 사투르누스

| 크로노스는 자식들에 의해 제압당할 것을 두려워하여 태어나는 족족 삼킨다. 크로노스(시간은 모든 것을 소멸시킨다)의 잔혹성을 극대화시킨 그림. ―19세기 화가 고야의 그림

프로메테우스

| 정의로운 신 제우스를 속여, 독수리에게 간을 쪼아 먹히는 형벌을 받는 프로메테우스. —본문 63쪽

메두사

| 고르곤들 중 오직 메두사만은 유한한 생명의 소유자였다. 그리고 검은 고수머리의 포세이돈만이 봄꽃이 피어 있는 부드러운 목초지의 메두사 옆에 누웠다. ―본문 44쪽

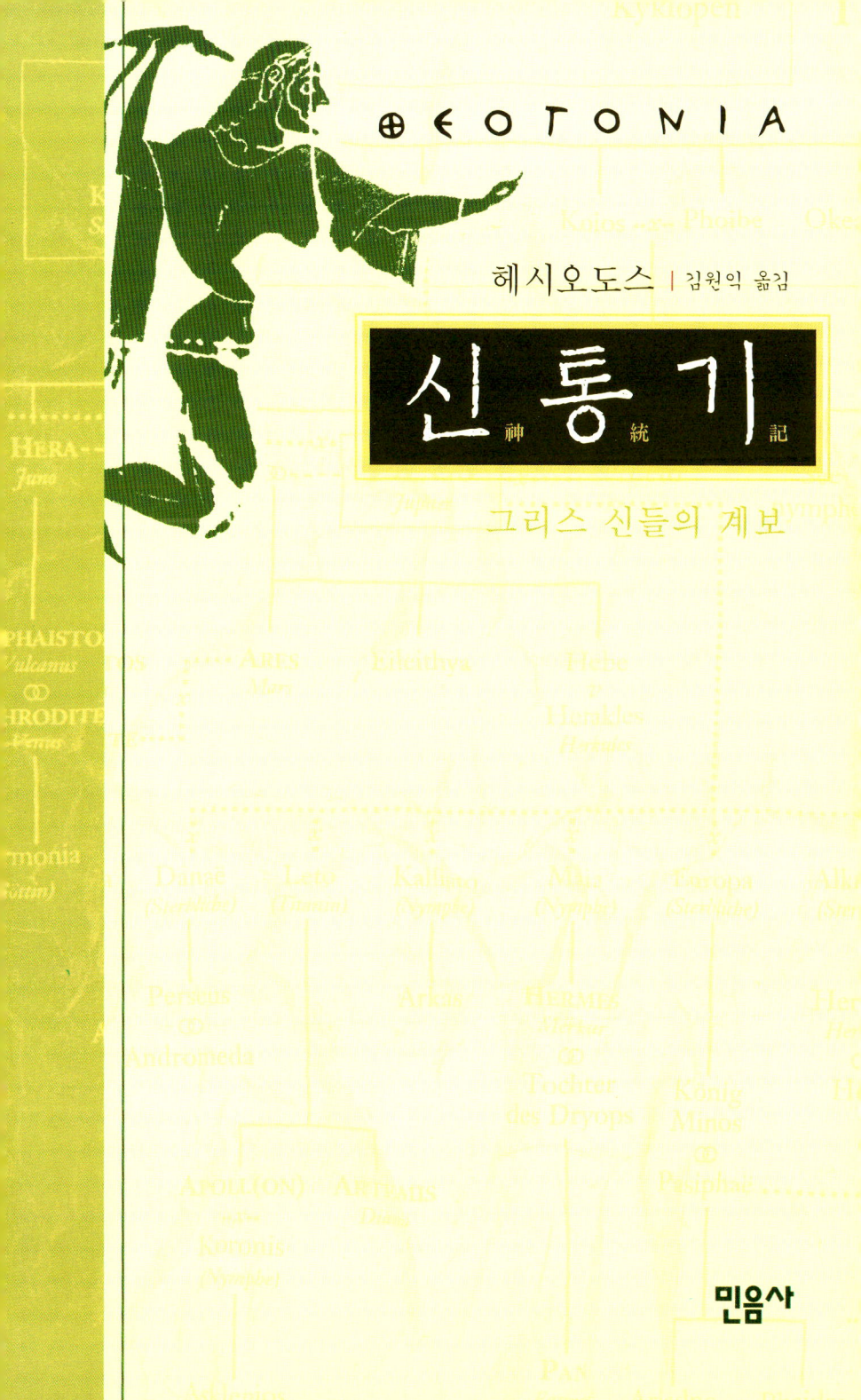

일러두기

이 책은 호메로스와 함께 그리스의 위대한 음유시인이자 서정시인으로 알려진 헤시오도스의 「Theogonia」와 「Erga kai Hemerai」를 번역한 것이다. 헤시오도스의 이 작품들은 지금까지 우리나라에서 번역된 적이 없으며 신화 연구가들에 의해 단편적으로 소개되어 왔을 뿐이다. 「Theogonia」를 「신통기」라고 번역한 이유는 이 책이 수십 년 동안 우리에게 일본 번역의 영향으로 「신통기」라는 제목으로 소개되어 독자들에게 아주 친숙하게 되어버렸기 때문이다. 하지만 우리는 제목이 부를 수 있는 불필요한 오해를 피하기 위해 그 밑에 「그리스 신들의 계보」라는 부제를 달았다.

역자가 대본으로 삼은 것은 독일 레클람(Reclam) 사에서 출간된 그리스어와 독어 대역판(Hesiod: Theogonie, Werke und Tage, Übersetzt und hrsg. von Otto Schönberger, Stuttgart 1999)과 1936년 하버드 대학 출판부에서 그리스어와 영어 대역으로 출간된 헤시오도스 전집(Hesiod: Homeric Hymns. Epic Cycle Homerica, trans. by Hugh G. Evelyn-White, 1936, Harvard University Press)이다.

능력의 부족으로 그리스어를 번역 대본으로 삼지 못한 것이 못내 아쉽지만 독일어판은 정확함과 풍부한 해설에서, 영어권에서 고전으로 꼽히는 영어판은 세련된 표현에서 서로 상호보완적인 역할을 했다. 이 작품은 원래 운문으로 되어 있다. 이런 운문은 그대로 번역하면 현대의 독자들에게 너무 낯설고 이해가 되지도 않을 것이다. 그렇기 때문에 이 작품은 독어판이나 영어판에서와 마찬가지로 이해하기 쉽게 현대적인 산문으로 번역했고 시행은 생략했다.

지명이나 인명은 독어나 영어식이 아니라 그리스어를 그대로 우리말로 번역한 것이다. 이때 주의할 것은 'y' 발음인데, 이것은 그 동안 번역된 그리스 신화와 관련된 책들을 살펴보면 '이'나 '위' 중 하나로 번역되어 있지만 이 책에서는 '위'로 번역했음을 알린다. 예를 들면 '뉙스'와 '스튁스' 등이다.

'차례'나 '주' 뿐 아니라 가계도나 이미지들은 역자가 내용에 맞게 임의로 넣은 것이다. 「신통기」는 신들의 계보를 다룬 것이어서 지루해질 수 있다. 가계도나 이미지들이 그 지루함을 조금이나마 덜어줄 수 있기 바란다.

차례

일러두기 10

신통기 — 그리스 신들의 계보

서사 | 무사이 여신들에 대한 찬가 17

제1부 | 세상의 생성과 자연신 그리고 티탄 신족

    1. 카오스와 가이아 그리고 우라노스 27
    2. 제1세대 신들 29
    3. 제2세대 신들 38
    4. 제3세대 신들 41

제2부 | 올륌포스 신족 제우스의 권력 쟁취 과정

    1. 아틀라스와 메노이티오스 61
    2. 프로메테우스와 제우스의 대결 62
    3. 제우스와 티탄 신족과의 전쟁 69
    4. 지하 세계의 모습 76
    5. 제우스와 튀포에우스의 싸움 81
    6. 제4세대 신들 84

노동과 나날

서사	무사이 여신들에 대한 찬가	115
제1부	인류의 고통의 생성 원인과 대처 방안	
	1. 선한 에리스와 악한 에리스	117
	2. 프로메테우스와 판도라	120
	3. 인류의 다섯 시대	125
	4. 대처 방안으로서의 정의와 노동	131
제2부	노동과 계절	
	1. 서언	141
	2. 가을	143
	3. 겨울	149
	4. 여름	152
	5. 항해	156
제3부	이웃과 신에 대한 올바른 행동	160
제4부	노동과 나날	165

작품 해설   169
찾아보기   191

신통기

그리스 신들의 계보

서사
무사이 여신들에 대한 찬가

위대하고 성스러운 헬리콘 산에 살면서 부드러운 발걸음으로 검푸른 샘과 전지전능한 크로노스의 아들[1]의 제단 주위를 춤추며 돌고 있는 헬리콘 산의 무사이 여신들[2]과 우리

---

1) 제우스를 말한다.
2) 무사이 여신들은 보이오티아의 헬리콘 산에 살면서 많은 이들의 숭배를 받았던 기억의 여신 므네모쉬네와 제우스 사이에서 태어난 아홉 명의 딸들로 예술과 시 등을 관장한다. 이들의 주된 거처는 출생지인 올륌포스 산이지만 어머니가 있는 헬리콘 산에 거주하기도 했다. 그래서 이들에게는 '올륌포스 산의' 혹은 '헬리콘 산의'라는 수식어가 따라다닌다. 특히 헤시오도스는 고향 아스카라 근처의 헬리콘 산에서 목동일을 하다가 무사이 여신들에 의해 시인의 소명을 받아 신들의 가족사를 이야기할 수 있게 된다. 이 작품의 서사에서 헤시오도스는 이런 경위를 설명하면서 무사이 여신들을 찬양하고 있다. 그는 이후 구체적으로 신들의 가족사를 말하면서도 가끔 무사이 여신들을 이인

함께 노래를 부르자.

  무사이 여신들은 자신들의 부드러운 살갗을 페르메소스 강이나 말의 샘[3] 혹은 성스러운 올메이오스 강물에 자주 씻고서[4] 헬리콘 산 정상에서 힘찬 발짓을 하며 아름답고 우아한 원무(圓舞)를 추었다.[5] 그들은 짙은 안개에 휩싸인 채 헬리콘 산에서 출발하여 밤새 이동하면서 아름다운 목소리로 노래 부르며 아이기스 방패[6]를 지닌 제우스, 황금 신발[7]을 신고 다니는 고귀한 아르고스의 헤라,[8] 또한 아이기스 방패를 지닌 제우스의 딸이자 눈이 빛나는 아테나, 포이보스 아

칭으로 이야기 속에 불러들이는데, 그것은 자신이 아니라 무사이 여신들이 자신의 입을 빌려 신들의 가족사를 말하게 하고 있음을 은연중에 강조하고 싶어서일 것이다.
3) 페르세우스가 베어버린 메두사의 머리에서 흘러나온 피가 땅에 떨어져 날개 달린 천마 페가소스가 생겨났고 그 말이 땅을 박차고 하늘로 오를 때 말발굽에 의해 생긴 샘이라 해서 '말의 샘'이라는 이름이 붙여진 것이다. 바로 앞에서 언급한 '검푸른 샘'과 같은 샘으로 '히포크레네'라고 불리기도 한다.
4) 그리스의 소녀들은 신들을 위해 춤을 추기 전에 목욕재계를 하였다. 우리 선조들도 신들이나 조상들에게 제를 지내기 전 목욕재계를 하였다.
5) 아홉 명의 무사이 여신들은 우리나라의 강강술래처럼 서로 손을 잡고 둥근 원을 만들며 춤을 추었다.
6) 제우스가 갖고 다니는 방패 이름. 이 방패는 헤파이스토스가 제우스에게 만들어준 것으로 메두사와 같은 괴물의 상이 새겨져 있다.
7) 황금 신발은 헤라뿐 아니라 헤르메스도 신고 다녔다.
8) 헤라는 특히 아르고스 지방에서 추앙을 받았다.

폴론, 활쏘기를 좋아하는 아르테미스 그리고 대지를 감싸며 뒤흔드는 포세이돈,[9] 존경스러운 테미스[10]와 생글생글한 눈을 지닌 아프로디테를 찬양하고, 계속해서 황금 왕관을 쓴 헤베,[11] 아름다운 디오네[12]와 레토,[13] 이아페토스,[14] 사악한 마음을 품고 있는 크로노스,[15] 에오스,[16] 강력한 헬리오스,[17] 밝게 비추는 셀레네[18]와 대지를 찬양하였으며, 더 나아가 위대한 오케아노스, 어두운 밤 그리고 영생불멸하는 신들의 나머지 자손들도 찬양했다.

이 무사이 여신들은 언젠가 나 헤시오도스가 헬리콘 산기슭에서 양을 치고 있을 때 영광스러운 노래를 가르쳐주었다. 아이기스 방패를 지닌 제우스의 딸들인 올륌포스 산의

---

9) 크로노스와 레아의 아들이자 제우스의 형제로, 바다를 관장하며 지진을 일으키고 지하 세계로 들어가는 문을 만들기도 했다.
10) 우라노스의 딸이자 제우스의 둘째 부인으로 법과 질서의 여신이다.
11) 청춘의 여신이다.
12) 오케아노스의 딸. 혹자는 아프로디테가 디오네와 제우스 사이에서 태어났다고 말한다. 하지만 헤시오도스는 아프로디테가 우라노스의 거세된 남근이 바다에 떨어져 생긴 거품에서 태어났다고 이야기하고 있다.
13) 아폴론과 아르테미스의 어머니이다.
14) 프로메테우스의 아버지이다.
15) 제우스의 아버지이다.
16) 새벽의 여신이다.
17) 태양의 신이다.
18) 달의 신이다.

무사이 여신들은 처음에 나에게 이렇게 말하였다. "너희 보잘것없는 양치기들이여, 불쌍하고 부끄러운 자들이여, 오직 탐욕으로만 응어리진 자들이여, 우리는 많은 거짓도 진실인 것처럼 말할 줄 아노라. 하지만 우리는 원한다면 또한 진실도 말할 수 있도다." 달변의 위대한 제우스의 딸들은 이렇게 말하고서 초록색 싹이 무성하게 돋아나 있는 멋진 월계수 가지 하나를 꺾어 그것을 나에게 지팡이로 쓰라고 선물하며,[19] 내가 미래와 과거의 일을 찬미할 수 있도록 입김으로 나에게 신의 노래를 불어넣어 주었다.[20]

무사이 여신들은 나에게 영생불멸하는 성스러운 신의 자손들을 찬양하라고, 그러나 처음과 마지막에는 항상 자신들만을 찬양하라고 명령하였다. 그런데 참나무와 바위투성이뿐인 이런 곳에서 어리석은 목동인 내가 어찌 그럴 수 있으랴?

그렇지만 자, 한번 해보자! 노래로 올림포스 산 위에 계신 자신들의 아버지 제우스의 높은 뜻을 기리며, 지금 현재의 일과 미래의 일 그리고 과거의 일을 오묘한 노래로 알려주는 무사이 여신들과 함께 우리 한번 시작해 보자! 무사이

---

[19] 월계수는 문학과 예술의 신이기도 했던 아폴론을 암시하며 그에 필적하는 시적 능력이 헤시오도스에게 부여되었음을 의미한다. 또한 고대의 왕들이나 사제나 시인들은 신비한 지팡이를 하나씩 갖고 있었다.
[20] 입김을 불어넣어 주었다는 것은 영감을 불러일으켰다는 뜻이다.

여신들의 입술에서는 전혀 힘들이지 않아도 달콤한 노래가 술술 흘러나온다. 그러면 큰 소리로 천둥을 치는 아버지 제우스의 궁전은 맑게 들려오는 여신들의 노랫소리에 미소를 보낸다. 그리고 하얀 눈이 덮인 올림포스 산의 봉우리들과 신들의 처소들도 이에 화답한다. 이 무사이 여신들은 불멸의 선율로 노래를 부르며 우선 신들의 고귀한 자손들, 즉 가이아와 광활한 하늘이 낳은 신들을 찬양하며, 그런 다음 그런 신들의 자손인 선을 베푸는 자들[21]을 찬양한다. 그리고 계속하여 이 무사이 여신들은 노래의 시작과 끝에 신들과 인간들의 아버지인 제우스가 모든 신들 중에서 얼마나 위대하고, 얼마나 힘이 엄청난지 찬양한다. 아이기스 방패를 지닌 제우스의 딸들인 올림포스의 무사이 여신들은 또한 인간의 종족이나 힘센 기간테스[22]들에 대해서도 노래 부르며 올림포스에 거하고 있는 제우스의 마음을 기쁘게 한다.

이 무사이 여신들은 엘레우테르[23] 언덕을 다스리는 므네모쉬네[24]가 크로노스의 아들이자 이 여신들의 아버지인 제

---
21) 제우스 세대의 신들은 선을 베푸는 신으로 알려져 있다.
22) 우라노스의 거세된 남근에서 떨어진 피에서 탄생한 거인족으로 영어의 '자이언트(giant)'의 어원.
23) 므네모쉬네는 키타리온 산기슭의 아티카 지방의 유명한 도시인 엘레우테르에 신전을 갖고 있었다.
24) 기억의 여신이다.

우스와 사랑으로 하나가 되어 피에리아에서 낳았다.[25] 이 무사이 여신들은 불행을 당한 이들에게는 불행을 잊게 하고 근심 걱정 하는 이들에게는 위안거리를 마련해 준다. 충고하는 자인 제우스는 신들과 멀리 떨어져 있는 성스러운 므네모쉬네의 침실로 올라가 그녀와 아흐레 밤 동안 사랑을 나누었다. 그리고 때가 되어 계절이 바뀌면서 달이 지나고 날이 차자 므네모쉬네는 생김새가 모두 비슷하고 노래를 무척 사랑하며 아무 근심 걱정이 없는 아홉 명의 딸들을 낳았다.[26] 이 딸들은 눈 덮인 올륌포스 산의 정상에서 조금밖에 떨어지지 않은 곳에 살고 있는데, 그곳에는 이 여신들이 춤추는 반질반질한 무대[27]와 아름다운 처소가 있으며, 이들은 카리테스 세 자매[28]와 히메로스[29]와 함께 아주 정답게 살고 있다. 그리고 이 여신들의 입에서는 사랑스러운 노래가 절

■■■■■■
25) 크로노스의 아들 제우스와 므네모쉬네의 결혼은 시 문학이 최고의 신인 제우스에게서 나와서 인간의 기억 속에 머문다는 것을 의미한다. 피에리아는 올륌포스와 할리아크몬 사이에 놓여 있다.
26) 신화에서는 여인과 동침한 밤의 숫자와 그후 출생하는 자식의 숫자가 일치했다.
27) 그 무대는 기름 먹인 진흙을 잘 다져 만들어서 윤이 났다.
28) 우미 여신들로 아글라이아, 에우프로쉬네, 탈리아를 지칭한다.
29) 동경의 여신이다. 우미와 동경이 무사이 여신들과 살고 있는 것을 보면 이들도 무사이 여신들이 하는 일을 일부 맡아서 하고 있다는 사실을 알 수 있다.

로 흘러나오며, 그들은 달콤한 선율로 만물의 법칙과 고귀한 신들의 존재를 찬양한다.

이렇게 그 당시에 그들이 절묘한 노래를 부르면서 아름다운 목소리를 한껏 뽐내며 올림포스로 다가가자 주변에서는 어두운 대지가 그들의 노래에 환호성을 질렀고, 아버지에게로 가면서 그들이 내는 발소리조차도 매혹적인 소리를 냈다. 바로 그들의 아버지는 현재 신들의 왕으로서 하늘을 다스리고 있으며, 오직 자신만이 천둥과 열로 이글거리는 번개를 지니고 있지만, 자신의 아버지 크로노스를 힘으로 제압했지만, 신들에게 모든 것을 선하고 공평하게 나누어주고 그들의 명예를 지켜주었다.[30]

올림포스에 살고 있는 무사이 여신들은 이런 사실을 찬양했다. 위대한 제우스의 소생인 이들 아홉 명의 딸들의 이름은 각각 클레이오, 에우테르페, 탈레이아, 멜포메네, 테릅시코레, 에라토, 폴림니아, 우라니아, 칼리오페이며, 이중 칼리오페[31]가 으뜸이다. 칼리오페는 존경받는 왕들의 길을 인도하기 때문이다. 이런 위대한 제우스의 딸들이 그에 의

---

30) 여기서 헤시오도스는 제우스가 크로노스와 벌인 권력 투쟁에서 승리하고 자신은 하늘을 다스리고 포세이돈에게는 바다를, 하데스에게는 지하 세계를 맡기는 등 권력을 독점하지 않고 다른 신들에게 고루 배분한 사실을 간단하게 요약하고 있다. 이 사실은 나중에 자세하게 언급될 것이다.

해 점지된 왕[32] 중 하나에 은총을 베풀어, 그 왕이 태어날 때 그를 자애롭게 쳐다보며 그의 입술에 달콤한 이슬방울을 떨어뜨리면 왕의 입에서는 현명한 말이 절로 흘러나온다. 그리하여 모두들 그 왕이 공정한 판단으로 분쟁을 해결하는 동안 그의 말에 주목한다. 그는 아무리 심한 분쟁일지라도 단호한 어조로 신속하고 현명하게 판결을 내린다. 물론 다른 현명한 왕들도 억울함을 당한 사람들을 위해 설득력 있는 말로 법정에서 모든 문제를 손쉽게 해결하여 손실을 보상해 주기는 한다. 하지만 무사이 여신들의 은총을 받은 왕이 심문을 벌이면, 그런 왕들조차도 부끄러움과 경외심을 느끼며 그를 신처럼 존경한다. 그의 권위는 법정에서 단연 타의 추종을 불허한다. 바로 무사이 여신들이 이런 신성한 능력을 인간에게 부여하는 것이다.

왕들은 제우스의 축복을 받아 왕이 되지만 이 지상의 가수와 수금의 대가는 오직 무사이 여신들과 활의 명수 아폴론[33]의 은총에 의해서만 만들어진다. 무사이 여신들의 사랑

---

31) 칼리오페는 목소리가 아름답고 현명한 말을 잘하는 것으로 유명하다. 후에 아폴론과 어울려 오르페우스를 낳는다.
32) 고대 그리스에서 왕은 제우스에 의해 왕으로서의 소명을 받아 힘과 권력을 부여받는다고 알려져 있다.
33) 아폴론은 쌍둥이 누나 아르테미스처럼 활의 명수이기도 했다. 때문에 그는 누나와 함께 어머니 레토를 무시한 니오베의 열네 명의 자식

을 받는 자는 축복받은 자다. 그의 입에서는 달콤한 말이 절로 흘러나오기 때문이다. 슬픔으로 가득한 사람에게 다시금 새로운 고뇌가 엄습하여 그의 심장이 근심으로 사위어 갈지라도, 무사이 여신의 시종인 어떤 가수가 조상들의 영광스러운 업적들과 올림포스에 거하고 있는 성스러운 신들을 찬양하면, 그는 일거에 자신의 걱정을 잊어버리고 더 이상 고통을 생각하지 않는다. 무사이 여신들의 은총은 그렇게 빨리 그의 마음을 위로해 주는 것이다.

제우스의 딸들이시여! 힘차게 부르오니, 우리에게 감미로운 노래를 선사하소서![34] 가이아와 별이 총총한 하늘과 어둠침침한 뉙스의 혈통을 이어받은 영생불멸의 성스러운 자손들을 찬양하시고 짜디짠 바다의 자식들을 찬양하소서! 그리고 신들과 가이아가 태초에 어떻게 생겨났는지, 또한 강들이 어떻게 생겨나고, 폭풍우가 휘몰아치면서 너울이 이는 망망대해가 어떻게 생겨났으며, 또 밝게 빛나는 별들과 그 별들 위의 하늘이 어떻게 생겨났는지 알려주소서! 또한 이

들뿐 아니라, 혼자서 거대한 뱀 퓌톤을 쏘아 죽이기도 했다. 더 나아가 아폴론은 무사이 여신들을 이끌었으며 예술과 음악의 신이기도 했다.
34) 이 책의 본질적인 내용으로 넘어가는 부분으로, 헤시오도스도 호메로스의 작품에 나오는 가수처럼 무사이 여신들에게 노래를 간청하고 있다. 그리고 바로 이 직후에 헤시오도스는 「신통기」의 전체 내용을 단 몇 줄로 요약하고 있다.

들의 자식들이자 선을 베푸는 자들인 신들이 어떻게 자신들의 재산을 분배하고 직분과 명예를 서로에게 넘겨주었는지, 그리고 그들이 수많은 골짜기로 주름 진 올륌포스 산을 처음에 어떻게 차지하게 되었는지[35] 노래하소서! 올륌포스에 사는 무사이 여신들이여, 이런 것들을 처음부터 차근차근 말씀해 주시고 최초에 그것들로부터 무엇이 생겼는지 말씀해 주소서!

---

35) 이 작품에서 헤시오도스는 신들이 처음에 어떻게 올륌포스 산을 차지하게 되었는가는 서술하지 않았다.

제1부

세상의 생성과 자연신 그리고 티탄 신족

1. 카오스와 가이아 그리고 우라노스

태초에 카오스[1]가 있었고, 그 다음에는 넓은 젖가슴을 지

---

1) 카오스는 일반적으로 만물의 근원이 되는 에너지 물질로 '혼돈'으로 번역되고 있다. 그러나 헤시오도스는 이 책에서 "태초에 카오스가 있었고, 그 다음에는 넓은 젖가슴을 지닌 가이아가 있었는데"라고 기술함으로써 이 부분에 대한 해석을 놓고 논란을 일으키고 있다. 혹자는 이것을 "태초에 카오스가 있었고, 그 카오스에서 대지가 태어났는데"라고 확대 해석하고 있으며, 또 혹자는 이 부분을 헤시오도스가 쓴 자구 그대로 해석하여 카오스와 가이아를 혈연관계에 두지 않고 태초부터 독립적이고 독자적인 존재로 본다. 후자의 의견에 따르면 오비디우스가 「변신 이야기」에서 기술하고 있는 것처럼 카오스는 모든 만물의 절대적인 근원이 되는 에너지 물질이 아니라 밤이나 어둠의 모태 역할만 하며, 오히려 더 많은 것들은 카오스처럼 태초부터 존재했던

넌 가이아[2]가 있었는데, 그 가이아는 눈 덮인 올림포스 산
과 넓은 길이 많이 나 있는 대지의 가장 깊은 곳, 칠흑같이
어두운 타르타로스[3]에 거하고 있는 영생불멸하는 모든 신들
의 든든한 처소였다. 그 다음에 에로스[4]가 생겼는데, 이에

■■■■■■■■
대지(가이아)에서 생성되었다. 어떻게 해석하든 자유지만 이 책에 쓰
인 대로만 본다면 헤시오도스는 카오스를 갈라져 있는 텅 빈 허공으
로 생각했다. 따라서 이 책에서 카오스는 대지와 하늘 사이의 공간이
나 대지와 지하 세계의 가장 깊은 곳인 타르타로스 사이의 공간으로
기술되고 있다.
2) 대지. 헤시오도스에 의하면 가이아는 앞에서 설명한 것처럼 카오스
에서 나온 것이 아니라 원래 태초부터 존재했다. 다시 말해 가이아는
카오스와 계보상 그 어떤 혈연관계에 있지 않고 오히려 대립 관계를
형성하며 독자적인 가계를 이룬다. 가이아는 넓은 젖가슴을 갖고 있
다. 가이아는 몸집이 거대했으며, 많은 자식들에게 젖을 먹여야 했기
때문이다. 특히 가이아는 이 책에서 신들의 행동을 실질적으로 지도
하는 신으로 그려져 있다. 우선 그녀는 크로노스에게 아버지를 거세
하도록 부추기며, 레아에게 제우스의 출생을 숨길 수 있는 묘책을 알
려주고, 제우스와 티탄 신족의 전투에서 대세가 가려질 때까지 난공
불락의 무기인 천둥과 번개를 숨겨놓는다. 또한 제우스는 가이아의
충고를 따라 헤가톤케이레스를 구해 주고 메티스를 삼켜버린다.
3) 지하 세계의 가장 깊은 곳.
4) 태초의 신들인 카오스와 가이아는 이 둘과 마찬가지로 태초부터 있
었던 에로스에 의해 후손을 만들어낸다. 따라서 이 책에서 에로스는
바로 신들의 계보를 가능하게 만든 원동력이다. 플라톤은 이 대목을
근거로 「향연」에서 에로스를 모든 신들 중에서 가장 먼저 생긴 신으로
소개하고 있다. 따라서 헤시오도스의 특징 중의 하나는 에로스를 호
메로스 등과는 달리 태초부터 존재해서 모든 만물의 생성을 가능하게
하는 원초적인 힘으로 보고 있다는 점이다. 호메로스는 아프로디테를

로스는 영생불멸하는 모든 신들 중 가장 아름다운 신이었으며, 모든 신들과 인간들의 머릿속의 이성과 냉철한 사고를 압도하며 다리의 힘을 마비시키는 신이었다.

2. 제1세대 신들

(1) 카오스의 후예들

카오스에서 에레보스[5]와 어두운 밤의 신 뉙스가 나왔으며, 뉙스에서 다시 아이테르[6]와 헤메라[7]가 나왔는데, 이들은 에레보스와의 사랑으로 수태된 뉙스가 낳은 자식들이었다.

> 제우스와 디오네의 딸이며 에로스의 어머니로 묘사하기 때문이다. 하지만 헤시오도스에 의하면 태초부터 존재했던 이 에로스는 거세되어 바다에 떨어진 우라노스의 남근 주위에 일어난 거품에서 아프로디테가 태어나서 신으로 승격되자 히메로스와 함께 그녀를 따라다닌다.
> 5) 태초의 암흑. 카오스는 에레보스와 뉙스를 낳으며 하데스의 세계와 타르타로스를 가득 채우고 있지만 대기인 아이테르와 헤메라를 낳음으로써 대지에도 일부의 지배권을 가지고 있으며 밤의 신 뉙스의 남편이기도 하다.
> 6) 밝은 대기와 같은 물질.
> 7) 낮. 그 당시에는 어둠과 밤에서 전혀 상반된 아이테르(밝음)와 헤메라(낮)가 생겨났다는 생각이 널리 퍼져 있었다.

(2) 가이아와 우라노스의 자식들

하늘, 산, 바다

처음에 가이아는 자신을 꼭 덮어주어 성스러운 신들에게 절대로 흔들리지 않는 처소가 되도록 하기 위해 자신과 비슷한 크기로 별이 총총한 하늘[8]을 만들어냈다. 계속해서 가이아는 계곡이 많은 산지에 살고 있는 요정들의 사랑스러운 처소인 산들[9]을 낳았다. 또한 그 후 그녀는 출산에 필요한 사랑을 나누지 않고도 물이 부풀어오르며 폭풍우가 이는 황량한 폰토스[10]를 낳았다.

티탄 신족

그 후 그녀는 우라노스의 사랑을 받고 깊이 소용돌이치는 오케아노스[11]를, 또 코이오스와 크레이오스[12]와 휘페리온[13]

---

8) 우라노스.
9) 오레. 가이아는 그 누구와도 사랑을 나누지 않고도 혼자서 산들을 낳았는데, 그것은 아마 산들이 대지의 일부이기 때문에 그랬을 것이다.
10) 폰토스는 육지로 둘러싸인 큰 바다로 이것도 대지의 일부이기 때문에 가이아는 사랑을 나누지 않고도 낳을 수 있었다.
11) 대지를 감싸고 있는 거대한 강.
12) 이 책에서 코이오스는 레토와 아스테리아의 아버지로만, 그리고 크레이오스는 아스타리오스, 팔라스 그리고 페르세스의 아버지로만 소개되어 있다.

과 이아페토스[14]를, 게다가 테이아[15]와 레아[16]와 테미스[17]와 므네모쉬네 그리고 포이베[18]를, 또한 황금관을 쓰고 있는 사랑스러운 테튀스[19]를 낳았다. 그 후 사악한 생각을 품은 막내 크로노스[20]가 태어났는데, 그는 가이아의 자식들 중 가장 끔찍한 모습이었다. 크로노스는 과식으로 항상 배가 불룩 튀어나온 아버지를 증오했다.

퀴클롭스

그 후 가이아는 다시 고집불통의 퀴클롭스[21] 삼형제인 브론테스[22]와 스테로페스[23]와 거친 아르게스[24]를 낳았는데,

---

13) 헬리오스의 아버지 혹은 헬리오스의 별칭으로 사용되기도 한다.
14) 프로메테우스의 아버지로 티탄 신족 중 크로노스 다음으로 중요한 인물이다.
15) 헤시오도스가 임의로 만들어낸 신으로 여겨진다.
16) 크로노스의 부인이자 제우스와 그의 형제자매들의 어머니.
17) 법과 질서의 여신으로 계절의 여신 호라이와 운명의 여신 모이라이의 어머니.
18) 아폴론의 어머니인 레토의 어머니.
19) 티탄 12신 중의 하나로 오케아노스의 부인. 네레우스와 도리스의 딸이자 아킬레우스의 어머니인 테티스와는 다른 신이다.
20) 크로노스는 제우스처럼 막내였다. 전 세계의 신화, 동화, 전설을 보면 막내는 형제들 중 가장 영리하고 어머니와도 가장 친했다. 크로노스 또한 티탄 신족 중에서 가장 꾀가 많고 똑똑했지만 그만큼 위험했다.
21) 둥근 눈.
22) 천둥.

이들은 제우스에게 천둥을 주고 번개를 담금질해서 만들어 주었다. 이들은 다른 부분은 신들과 똑같았지만 이마 한가운데에 둥근 눈이 하나만 박혀 있는 것이 달랐다. 그러니까 퀴클롭스는 그들이 이마에 둥근 눈 하나만을 갖고 있기에 붙여진 이름이었다. 이들이 하는 모든 일에는 언제나 힘과 폭력과 교활함이 숨어 있었다.

헤가톤케이레스

가이아와 우라노스 사이에서는 무엇이라 형용할 수 없는 무척이나 크고 거친 아들들인 코토스와 브리아레오스와 귀게스[25]가 태어났는데, 그들은 오만불손한 자식들이었다. 그들의 겨드랑이에는 백 개의 거대한 팔이 솟아나 있었고, 그 거칠고 땅딸막한 어깨에는 쉰 개의 머리가 돋아나 있었으며, 그들의 거대한 몸체에는 엄청나게 강력한 힘이 도사리고 있었다.

크로노스에 의한 우라노스의 거세

대지와 하늘로부터 나온 모든 자식들은[26] 하나같이 끔찍

---

23) 번개.
24) 벼락.
25) 이 삼형제를 '헤가톤케이레스'라고 부른다.

하고 거대한 모습이었으며 처음부터 아버지를 소름 끼치게 만들었다.[27] 그래서 우라노스는 자식들이 태어나자마자 그들을 모두 대지의 자궁 속에 가두어 빛을 보지 못하게 하였고 자신의 만행을 즐겼다. 그러나 거대한 대지는 오장 육부가 뒤틀린 듯 신음을 토하게 되었으며, 결국 사악하고 교활한 음모를 꾸미게 되었다. 그녀는 재빨리 회색빛 철의 원료로 큰 낫을 만들어 그것을 사랑하는 자식들에게 보여주면서 그들의 용기를 북돋우며 이렇게 말했다. 그녀의 가슴에 원한이 사무쳤기 때문이다. "너희들, 극악무도한 아비의 자식

---

26) 이 책은 대지와 하늘로부터 나온 자식들로 구성된 신들의 가계도를 주된 내용으로 하고 있다. 그러나 단순히 신들을 가계에 따라 나열한 것은 아니다. 이 책의 특징은 신들의 가계도가 제우스에 의한 정의의 구현이라는 특정한 관점에 의해 쓰여지고 있다는 점이다. 그 때문에 정의로운 제우스가 세계 질서의 틀을 잡아가는 과정을 보여주는 다섯 가지 이야기를 시간의 흐름에 따라 신들의 가계 사이사이에 삽입하고 있다. 그 이야기들은 첫째 우라노스의 서세와 퇴위, 둘째 레아와 제우스의 속임수, 셋째 프로메테우스에 대한 제우스의 승리, 넷째 티탄 신족에 대한 제우스의 승리, 다섯째 튀포에우스에 대한 제우스의 승리 등이다.

27) 이 구절은 이 책에서 명확하게 해명되어 있지 않다. 헤시오도스가 우라노스와 가이아의 모든 자식들이 끔찍했다는 의미로 썼다면, 잘못된 것이다. 모든 티탄 신들이 그렇지는 않았을 것이기 때문이다. 혹은 헤시오도스는 퀴클롭스 삼형제와 팔이 백 개 달린 괴물들인 헤가톤케이레스 그리고 남자 티탄 신들만을 지칭하고 있을까? 혹은 티탄들 중에서 남신 여신 할 것 없이 가장 끔찍한 신들만을 염두에 둔 것일까?

들아, 너희들이 내 말을 따르면, 너희 아비의 범죄에 복수할 수 있을 것이다. 먼저 부끄러운 짓을 할 생각을 품은 자는 너희 아비이기 때문이다."

가이아가 이렇게 얘기를 했지만 모두들 공포에 사로잡혀, 아무도 입을 열지 못했다. 하지만 사악한 생각을 품고 있던 덩치 큰 크로노스가 용기를 내서 곧바로 고결한 어머니에게 이렇게 대답했다. "어머님, 제가 그 일을 맡겠습니다. 저는 이름값조차 하지 못하는 아버지를 용서할 수 없습니다. 먼저 부끄러운 짓을 할 생각을 품으신 분은 아버지이기 때문입니다."

크로노스가 이렇게 말하자, 거대한 대지는 기뻐했다. 그리고 대지는 그를 은신처에 숨기고 날카롭게 벼린 낫을 손에 쥐어주며 자신이 계획한 음모에 대해 자세히 알려주었다.

이윽고 하늘 우라노스가 밤을 대동하고 와서 욕정에 불타 대지를 감싸며 자신의 몸으로 그녀를 뒤덮었다. 그러자 아들 크로노스가 은신처에서 튀어나와 왼손으로는 아버지를 잡고 오른손으로는 크고 길며, 날카로운 톱니가 달린 낫을 잡고 아버지의 남근을 재빨리 잘라 뒤로 던져 날려버렸다.[28]

----
28) 크로노스가 우라노스의 남근을 뒤로 던져버린 것은 재앙을 피하기 위해서이다. 성스러운 것은 뒤돌아보아서는 안 된다는 우리 민간 신앙을 상기하면 이해가 될 것이다.

하지만 그 남근은 크로노스의 손에서 그냥 떨어진 것이 아니었다. 가이아가 남근에서 뚝뚝 떨어지는 핏방울을 받았는데, 계절이 바뀌자 거기에서 강력한 에리뉘에스[29]와 번쩍이는 갑옷을 입고 손에 긴 창을 든 기간테스,[30] 그리고 끝없는 대지에서 살면서 모두들 멜리아이라고 부르는 요정들[31]까지 태어났기 때문이다.[32]

아프로디테의 탄생

그런데 크로노스가 낫으로 잘라서 육지로부터 큰 파도가 출렁이는 바다로 던져버린 남근은 오랫동안 큰 파도에 표류하였는데, 그 영생불멸하는 고깃덩이 주변에서 점차 하얀 거품[33]이 일더니, 그 안에서 소녀 하나가 생겨났다. 처음에

---

29) 복수의 여신으로 범죄는 복수를 부른다는 것을 암시하고 있다. 케레니는 자신의 책 「그리스 신화1」에서 에리뉘에스가 알렉토, 티시포네, 메가이라 등 세 자매임을 밝히고 있다.
30) 사람보다는 훌륭하지만 신들보다는 못한 존재들이다. 헤시오도스가 이 책에서 묘사하지는 않지만 이들은 후에 권력을 쟁취한 올림포스의 신들에 대항해 싸우다가 패배한다.
31) 물푸레나무 요정이라고도 하며, 제우스가 만들었다는 인간에 대한 전설과도 관련되어 있다. 여기서 물푸레나무 요정을 복수의 신과 기간테스 바로 옆에 언급한 것은 이들이 갖고 다니는 창과 활이 물푸레나무로 만들어지기 때문이 아닐까 한다.
32) 흘린 피에서 무언가가 생겨나는 것은 신화나 동화에서 자주 등장하는 이야기다.

소녀는 신성한 퀴테라 쪽으로 표류하더니, 나중에는 바다로 둘러싸인 퀴프로스 섬으로 갔다. 고귀하고 빼어나게 아름다운 여신이 뭍에 오르자, 그녀의 가냘픈 발 주변에서는 신선한 풀[34]이 돋아났다. 신들과 인간들은 그녀를 아프로디테,[35] 즉 거품에서 태어난 여신, 혹은 아름다운 왕관을 쓴 퀴테레이아라고 불렀다. 아프로디테라고 한 것은 그녀가 거품에서 자라났기 때문이며,[36] 퀴테레이아라고 한 것은 그녀가 퀴테라로 갔기 때문이다. 또한 사람들은 그녀를 퀴프로스[37]에서

■■■■■■■
33) 고깃덩이에서 생긴 거품은 그 고깃덩이 주변에서 인 파도의 거품이 아니라 우라노스의 정액일 수도 있다.
34) 신선한 풀은 왕성한 생산성을 의미한다.
35) 사랑의 여신인 아프로디테는 우라노스의 남근에서 생겨 우라노스의 딸로 여겨졌기 때문에 '우라니아(Urania)'라고도 불린다. 특히 퀴테라에서 아프로디테는 '우라니아'라고 불렸다. 퀴테라에는 아주 오래전부터 그녀에 대한 숭배가 널리 퍼져 있었는데, 그곳에 정착했던 페니키아인들의 영향 때문이었다. 이 아프로디테는 페니키아의 사랑의 여신인 '아스타르테(Astarte)'와 관계가 있으며 아프로디테라는 이름 또한 동양식이다. 따라서 아프로디테 숭배는 '아스칼론'으로부터 펠로폰네소스 반도 끝의 퀴테라를 거쳐 그리스로 건너온 것으로 여겨진다. 하지만 헤시오도스는 이와는 정반대로 그리스의 시각에서 아프로디테가 그리스에서 태어나 퀴테라를 거쳐 '퀴프로스'까지 흘러갔다고 쓰고 있다.
36) 아프로디테는 어원상 '거품이 준 여신', 혹은 '거품에서 태어난 여인' 이라는 뜻이다.
37) 퀴프로스 섬의 파포스는 퀴테라 다음으로 아프로디테 숭배가 널리 퍼져 있는 곳이다

태어난 여신, 혹은 남근을 좋아하는 여신이라고 불렀는데, 그녀가 파도가 높게 이는 퀴프로스 섬에서 뭍으로 올랐기 때문이며, 또한 남근에서 나와 세상의 빛을 보았기 때문이다. 그녀는 태어나자마자 신들의 반열에 올랐는데, 그러자 에로스[38]가 그녀를 수행하고 아름다운 히메로스[39]는 그녀의 뒤를 따라다녔다. 처음부터 그녀는 이런 명예를 갖고서 인간들과 불멸의 신들 사이에서 여자들의 흉허물 없는 한담과 미소와 유혹, 달콤한 욕망, 포옹과 애무 등의 영역을 담당하였다.

그러나 거대한 하늘은 이렇게 자신이 낳았던 자식들을 비하하며 티탄이라고 불렀다.[40] 또 자식들이 뻔뻔스럽게도 자기에게 대들어 흉악한 범죄를 저질렀으며, 언젠가는 그것을 반드시 참회하게 될 것이라고 말했다.

---

38) 호메로스 등은 앞서 얘기한 것처럼 에로스가 아프로디테의 아들이라고 생각하고 있지만, 헤시오도스는 태초부터 존재하고 있다가 나중에 아프로디테를 따라 다닌 것으로 묘사하고 있다.
39) 메가라의 아프로디테 신전에 가면 히메로스의 조상(彫像)이 있다. 히메로스는 에로스와 함께 아프로디테의 수행원 역할을 한다.
40) '티탄'은 어원상 '깡패, 불한당, 불량배'라는 뜻이다.

3. 제2세대 신들

(1) 밤과 에리스의 자식들

밤의 자식들

밤의 신 뉙스는 무시무시한 운명[41]과 암울한 파멸[42]과 죽음[43]을 낳았고, 또 잠[44]도 낳았으며 꿈의 일족[45]을 낳았다. 하지만 칠흑 같은 밤의 여신은 누구하고도 동침하지 않은 채 이들을 낳았다. 밤은 계속해서 비난[46]과 고통스러운 궁핍[47] 그리고 유명한 오케아노스 저편에서 아름다운 황금 사과와 풍요의 나무들을 지키고 있는 헤스페리데스[48]를 낳았다. 밤의 여신은 또한 무자비한 운명의 여신들인 모이라이와 복수의 여신들인 케레스[49]를 낳았다. 특히 모이라이는

---

41) 모로스. 모이라의 남성형.
42) 케르.
43) 타나토스.
44) 휘프노스.
45) 오네이로이.
46) 모모스.
47) 오이쥐스.
48) 여기서 헤시오도스는 헤스페리데스를 밤의 자식들로 분류하고 있지만 혹자는 아틀라스의 딸들로 묘사한다.
49) '모이라이'와 '케레스'는 '모이라'와 '케르'의 복수형으로, '케르'가 의미하는 '파멸'과 '모이라'가 의미하는 '운명'의 뜻을 합친 성격이

운명의 세 여신인 클로토와 라케시스와 아트로포스를 지칭하는데,[50] 이 세 여신은 인간이 태어날 때 길흉의 정도를 결정하며, 인간과 신들의 죄를 추적하여, 죄인들을 끔찍하게 벌한 다음에야 비로소 무시무시한 화를 누그러뜨린다. 이 위험한 밤은 또한 인간에게 고통을 주기 위해 복수의 여신 네메시스[51]도 낳았으며, 그 후 그녀는 술수[52]와 우정[53]과 저주스러운 노령[54]을 낳았고, 완고한 불화의 여신 에리스[55]도 낳았다.

■■■■■■
이 신들의 속성이며 둘 다 복수의 여신인 '네메시스'에 가까운 역할을 하고 있다. 따라서 여기서 언급되고 있는 모이라이는 나중에 제우스와 테미스의 딸로 등장하는 운명의 세 여신과는 약간 다르다.
50) 원래 클로토는 생명줄을 잣으며, 라케시스는 그것을 나누어주고 아트로포스는 생명줄을 끊어버린다. 물론 나중에 제우스와 테미스의 사이에서 태어난 운명의 여신들은 인간에게 이런 역할을 한다. 그러나 여기서 언급되는 모이라이는 앞서 말했듯이 케레스와 함께 밤의 신 뉙스의 자식으로 복수의 여신의 역할을 맡는다.
51) 우라노스의 피에서 생겨난 복수의 여신인 에리뉘에스는 혈족간의 원한을 풀어주고, 또 다른 복수의 여신인 네메시스는 혈족이 아닌 자들의 원한을 풀어준다. 따라서 어머니 클뤼타임네스트라를 죽인 오레스테스는 네메시스가 아닌 에리뉘에스의 추적을 받는다.
52) 아파테.
53) 필로테스.
54) 게라스.
55) 헤시오도스는 「노동과 나날」에서 사악한 '에리스' 뿐 아니라 경쟁심을 일으키는 선한 '에리스'의 존재를 부각시키고 있다.

밤의 딸 에리스의 자식들

그리고 끔찍한 에리스는 쓰라린 고난[56]과 망각[57]과 기아[58] 그리고 눈물 어린 고통[59]과 전쟁[60]과 다툼[61]과 살인[62]과 타살[63]과 불평,[64] 사기,[65] 논쟁[66] 그리고 서로 깊이 연관되어 있는 범죄[67]와 파괴[68] 그리고 누군가가 고의로 잘못 다짐하면 지상의 인간들 전체에게 극심한 화를 불러오는 맹세[69]를 낳았다.

(2) 폰토스와 가이아의 자식들

폰토스[70]는 절대로 속이는 법이 없는 진실한 네레우스[71]

---

56) 포노스.
57) 레테. 싸우는 사람은 진실을 망각한다.
58) 리모스.
59) 알게아.
60) 휘스미나이.
61) 마카이.
62) 포노이.
63) 안드로크타시아이.
64) 네이케아.
65) 로고이.
66) 암필로기아이.
67) 뒤스노미아.
68) 아테.

를 많이로 낳았는데, 그 노인이 그렇게 불리는 이유는 그가 진실하고 친절하며 정의를 저버리지 않고 공평하며 온화한 성품의 소유자이기 때문이다. 폰토스는 계속해서 가이아와 하나가 되어 강력한 타우마스[72]와 용감한 포르퀴스,[73] 아름다운 뺨을 지닌 케토[74]와 가슴속에 철심장을 품고 있는 에우뤼비아[75]를 낳았다.

4. 제3세대 신들

(1) 폰토스의 손자들

네레우스의 자식들

네레우스의 혈통을 물려받아 불모의 바다에 사는 수많은 신의 자식들이 태어났다. 즉 끝없는 강 오케아노스의 딸이

---

69) 호르코스. 여기서는 추상적인 맹세가 아니라 위증한 사람들을 벌주는 신을 뜻한다. 신들의 맹세는 스튁스가 감독한다.
70) 폰토스는 망망대해가 아니라 해안과 섬과 반도가 있는 내해이다.
71) 바다의 신으로 여겨지기도 하며 '바다의 노인'으로도 불린다.
72) 경악이라는 뜻이다. 무지개의 신 이리스의 아버지이다.
73) 네레우스처럼 '바다의 노인'으로 불린다.
74) 바다의 괴물이다.
75) 거친 힘이라는 뜻이다. 티탄 신족 크레이오스의 아내.

자 아름다운 머리카락의 소유자인 도리스와 네레우스 사이에서 프로토와 에우크란테와 사오와 암피트리테와 에우도레와 테티스와 갈레네와 글라우케가 태어났고, 퀴모토에, 스페이오, 토에와 매력적인 할리아도 태어났으며, 더 나아가 파시테아와 에라토와 장밋빛 팔을 지닌 에우니케와 우아한 멜리테와 에울리메네와 아가우에와 도토, 그리고 프로토, 페루사, 또한 뒤나메네, 네사이아, 악타이아, 프로토메데이아, 도리스, 파노페, 그리고 아름다운 갈라테이아와 사랑스러운 히포토에와 장밋빛 팔을 지닌 히포노에, 계속해서 퀴마톨레게 그리고 발목이 아름다운 암피트리테와 함께 안개가 자욱한 바다의 거친 파도와 격렬한 바람을 손쉽게 진정시키는 퀴모도케가 태어났다. 이후에는 또한 퀴모와 에이오네 그리고 아름다운 왕관을 쓴 할리메데, 미소 짓기를 좋아하는 글라우코노메, 폰토포레이아, 레이아고레와 에우아고레와 라오메데이아 그리고 폴뤼노에와 아우토노에와 뤼시아나사와 사랑스러운 몸매와 흠잡을 데 없는 얼굴을 지닌 에우아르네, 계속해서 매력적인 프사마테와 고상한 메니페, 네소, 에우폼페, 테미스토와 프로노에와, 마지막으로 성품이 불멸의 아버지를 닮은 네메르테스도 태어났는데, 이들이 탓할 게 하나도 없이 완벽한 네레우스의 딸들이며, 모두 쉰 명으로 이들의 행동도 나무랄 데라곤 하나도 없었다.[76)]

타우마스의 자식들

타우마스는 깊이 소용돌이치는 오케아노스의 딸 엘렉트라를 아내로 맞이하였는데, 그녀는 발 빠른 무지개의 여신 이리스와 아름다운 고수머리를 지닌 하르퓌아이[77]인 아엘로와 오퀴페테스를 낳았는데, 이들은 빠른 날개를 달고 있어 세차게 부는 바람이나 새처럼 날쌨다. 이들은 그처럼 빠르게 공중으로 높이 솟아오른다.

괴물들

포르퀴스와 케토는 뺨이 예쁘고 태어날 때부터 머리카락

---

76) 네레우스의 딸들은 모두 쉰 명으로 '네레이데스'라고 하며, 이들은 모두 바다가 갖고 있는 긍정적인 측면을 대표한다. 헤시오도스의 실수인지, 아니면 후세에 그의 책을 편찬한 사람의 실수인지 모르지만 그리스어 원문에는 프로토(Proto)가 두 번 언급됨으로써, 네레우스의 자식들이 마치 51명인 것처럼 되어 있다. 그러나 중복된 프로토 하나를 제하면 네레우스의 자식들은 총 50명이 맞다. 그런데 케레니는 앞서 언급한 자신의 책에서 맨처음 나오는 프로토를 플로토(Ploto)로 바꾸어 놓았다. 따라서 그에 따르면 네레우스의 자식은 총 51명이 되어 헤시오도스의 언급과 모순을 이룬다. 이것은 영어판도 마찬가지이다.

77) 몸은 날카로운 발톱을 지닌 새의 형태, 얼굴은 여자의 모습을 지닌 두 마리의 괴물들이다. 아폴로니오스의 「아르고 호의 모험」을 보면 이 괴물들은 제우스의 벌을 받아 이오니아 해의 튀니아라는 섬에 유배되어 살고 있던 예언가 피네우스가 음식을 먹으려 할 때마다 어디선가 날아와서 그것을 낚아채 간다. 이 괴물들은 그 섬에 상륙한 아르고 호의 선원 중 보레아스의 아들인 제테스와 칼라이스에게 혼줄이 난

이 회색이어서 불멸의 신들이나 지상의 인간들에게서 그라이아이라고 불렸던, 예쁘게 차려입는 펨프레도와 사프란 옷을 입은 에뉘오를 낳았다. 게다가 케토는 유명한 오케아노스 저편, 밤의 가장자리에서 낭랑하게 노래 부르는 헤스페리데스 근처에 사는 고르곤 세 자매들,[78] 스테노, 에우뤼알레, 메두사를 낳았는데, 메두사는 슬픈 운명을 갖고 태어난다.[79] 나머지 둘은 불사의 몸이었으며 나이를 먹지도 않았지만 그녀는 유한한 생명의 소유자였기 때문이다. 그러나 검은 고수머리의 포세이돈은 봄꽃이 피어 있는 부드러운 목초지의 메두사 옆에만 누웠다.

후에 페르세우스가 메두사의 머리를 목덜미에서 베어냈을 때 거대한 크뤼사오르[80]와 페가소스라는 말이 튀어나왔는데,[81] 페가소스는 페가이라는 오케아노스의 샘에서 생겼

> 후 더 이상 피네우스를 괴롭히지 않는다. 케레니는 헤시오도스가 언급한 두 명의 하르퓌아이 이외에 켈라이노라는 세 번째 자매를 언급하고 있다.
> 78) 고르곤의 복수는 고르고네스이며, 고르곤들은 머리카락이 올올이 실뱀으로 이루어진 날개 달린 끔찍한 괴물로, 보는 사람은 누구나 돌로 변한다.
> 79) 메두사는 후에 페르세우스의 손에 죽어 그 목이 제우스가 아테나에게 맡긴 아이기스 방패에 박힌다.
> 80) '황금검'이라는 뜻이다.
> 81) 여기서 페르세우스가 메두사의 목을 자를 때 쓴 것은 크로노스가 우라노스의 성기를 자를 때 쓴 것과 비슷한 큰 낫이다. 우라노스의 성기

기 때문에 그렇게 불렸고, 크뤼사오르는 손에 들고 있던 황금검 때문에 그렇게 불렸다. 페가소스는 하늘로 높이 훌쩍 뛰어오르며 가축의 어머니인 대지를 떠나 신들에게로 올라갔다. 페가소스는 제우스의 집에 살면서 충고하는 자인 제우스에게 천둥과 번개를 가져다준다.

 크뤼사오르는 영광스러운 오케아노스의 딸 칼리로에와 하나가 되어 머리가 셋 달린 게뤼오네우스[82]를 낳았다. 힘센 헤라클레스는 바로 이 게뤼오네우스를 주변에서 심한 파도가 이는 에뤼테이아 섬[83]에서 성스러운 티륀스[84]로 그의 이마가 넓은 소들을 몰아가려고 했던 날, 발을 질질 끄는 소들 옆에서 살해했다. 헤라클레스는 그전에 이미 오케아노스의 여울을 건너 영광스러운 그 강 저편의 황혼빛 목초지에서 게뤼오네우스의 개 오르토스와 소몰이꾼 에우뤼티온도

  에서 떨어진 피로부터 아프로디테가 나왔듯이 메두사의 피에서 페가소스가 생겨났다.
82) 게뤼오네우스는 머리가 셋 달린 괴물로 에뤼테이아에 아주 많은 소 떼를 소유하고 있었다. 헤라클레스는 에우뤼스테우스 왕을 위해 이 소 떼들을 티륀스로 데려가야만 했다. 그는 우선 소를 지키는 괴물 에우뤼티온과 미리가 둘 달린 개 오르토스를 죽인 뒤, 때마침 목장에 들른 게뤼오네우스를 화살로 쏘아 죽이고 소들을 그리스로 데려왔다.
83) 세상의 끝인 서쪽 바다 어딘가에 있다고 전해지는 신화에만 나오는 섬.
84) 아르골리스 지방에 있으며 헤라클레스에게 그 유명한 열두 가지 과업을 준 에우뤼스테우스 왕이 다스렸다.

죽였다.[85]

케토는 아무도 이길 수 없으며 유한한 인간이나 영원한 신과는 비슷한 구석이 전혀 없는 또 하나의 괴물을 바로 우묵한 동굴에 낳았는데, 바로 엄청나게 힘센 에키드나였다. 에키드나는 몸의 반은 반짝이는 눈과 아름다운 뺨을 지닌 소녀의 모습을, 나머지 반은 소름 끼치며 거대한 뱀의 모습을 한 괴물이었으며, 몸의 색깔을 바꾸면서 성스러운 대지의 품에서 피를 갈망하고 있다. 거기 아래쪽, 불멸의 신이나 유한한 인간들로부터 멀리 떨어진 곳, 움푹 파인 바위 속에 신들이 그녀에게 영광스러운 집으로 마련해 준 동굴이 있다. 그 동굴은 아리마[86] 근처에 있는데, 그곳에 죽지도 않고 늙지도 않는 끔찍한 에키드나가 편안하게 똬리를 틀고 있다.

이 에키드나와 끔찍하고 극악무도한 범법자 튀파온이 사랑으로 하나가 되었다고 한다. 그리하여 생글생글한 눈을 지닌 에키드나는 튀파온의 씨를 받아 용감한 자식들을 낳았다. 먼저 그녀는 게뤼오네우스를 위해 오르토스라는 개를 낳았으며, 그 다음에는 아무도 이길 수 없으며, 날고기를

---

85) 게뤼오네우스의 소 떼를 그리스로 데려오는 일은 헤라클레스가 에우뤼스테우스의 명을 받아 했던 열두 가지 과업 중 열 번째 과업이다.
86) 호메로스의 「일리아스」에는 튀포에우스가 누워 있는 곳으로 언급되고 있다.

먹으며 뭐라고 형용할 수 없이 끔찍한 케르베로스를 낳았다. 케르베로스는 하데스의 개로 청동 목소리를 내며 쉰 개의 머리[87]가 있고, 음흉하며 힘이 엄청났다. 에키드나는 또 세 번째로 팔이 새하얀 여신 헤라[88]가 힘센 헤라클레스에 대한 분노를 억누를 길 없어 길렀던 사악한 레르네[89]의 휘드라를 낳았다. 그러나 제우스와 암퓌트리온[90]의 아들 헤라클레스는 전리품을 나누어주는 자인 아테나 여신의 도움으로 영웅 이올라오스[91]를 대동하고 휘드라를 무자비한 청동 무기로 때려죽였다. 그러나 휘드라는 엄청난 불을 뿜으며, 끔찍하고, 거대하며, 재빠르고, 힘이 엄청난 키마이라[92]를 낳았다. 키마이라는 세 개의 머리를 갖고 있었는데, 하나는

---

87) 어떤 책에는 케르베로스가 세 개의 머리를 지녔다고 쓰여 있다.
88) 알크메네는 제우스의 사랑을 받아 헤라클레스의 어머니가 되었다. 제우스의 부인 헤라는 질투심 때문에 헤라클레스를 몹시 괴롭힌다.
89) 아르고스 평야의 가장자리에 있는 습지. 이곳에 살고 있는 휘드라(물뱀)는 많은 머리를 갖고 있는데, 하나를 베면 그곳에서 두 개의 머리가 솟아 나온다.
90) 헤라클레스는 암퓌트리온의 아들이라고도 불린다. 제우스가 알크메네를 취하기 전에 벌써 그녀는 암퓌트리온의 아내였기 때문이다. 그래서 알크메네는 쌍둥이를 낳는다. 헤라클레스의 쌍둥이 형제의 이름은 이피클레스다. 또한 암퓌트리온은 에우뤼스테우스와 함께 페르세우스의 손자들이다.
91) 헤라클레스와 깊은 우정을 나누었던 인물. 이들의 우정은 아킬레우스와 파트로클로스의 우정과 비견된다.

사자의 머리고, 또 하나는 염소의 머리요, 세 번째는 뱀, 즉 거대한 용의 머리였다. 키마이라는 앞은 사자, 뒤는 용, 가운데는 염소였으며, 이글이글 타오르는 불을 뿜어댔다. 페가소스와 용감한 벨레로폰이 이 키마이라를 죽였다.[93]

또 키마이라는 오르토스에게 강간당하여 카드모스의 백성들을 괴롭혔던 위험천만한 스핑크스[94]와, 제우스의 영광스러운 아내 헤라가 길러 인간에게 고통을 주기 위해 네메아[95]의 골짜기에 풀어놓았던 네메아의 사자를 낳았다. 네메

---

92) 키마이라는 다른 괴물들과는 달리 여러 개의 똑같은 머리를 갖고 있지 않고 사자, 염소, 뱀 등 서로 다른 세 개의 머리를 갖고 있다. 이 괴물은 빠르기는 염소를, 사납기는 사자를 닮았다.
93) 키마이라는 페르세우스가 안드로메다를 구하면서 메두사를 죽일 때처럼 페가소스를 탄 벨레로폰에 의해 공중에서 죽임을 당한다. 벨레로폰은 몇 가지의 위험한 임무를 수행해야 하는 영웅으로, 뤼키아의 이오바테스 왕이 그에게 키마이라를 죽이라는 임무를 주었다. 톰 크루즈 주연의 미국 영화 「미션 임파서블 2」에서 악당들이 차지한 병원균 바이러스는 키마이라, 그것을 막는 백신은 벨레로폰으로 불리고 있다.
94) 상체는 여자, 몸통은 날개 달린 사자의 모습을 한 괴물로 카드모스가 세운 테베의 길목에 서서 지나가는 사람들에게 도저히 풀 수 없는 퀴즈를 내서 풀지 못하는 사람들을 목졸라 죽였다. 그 퀴즈는 "아침에는 네 다리, 점심에는 두 다리, 저녁에는 세 다리로 걷는 동물은 무엇인가?"라는 것이었는데, 마침 지나가던 오이디푸스가 '사람'이라고 대답해서 그 퀴즈를 풀자 스핑크스는 바위에 머리를 부딪혀 죽는다.
95) 네메아는 펠로폰네스 반도의 북동쪽에 위치하였다. 헤라클레스가 그곳에 사는 사자를 죽인 것으로 유명해졌다.

아의 사자는 그곳에 살면서 주민들을 괴롭혔다. 그 사자는 네메아의 트레토스와 아페사스[96] 산의 지배자였지만 위대한 헤라클레스의 힘에 굴복당했다.

그리고 케토는 포르퀴스와 사랑으로 한 몸이 되어 막내아들로 끔찍한 뱀을 낳았는데, 그 뱀은 대지의 어둠 속 깊은 곳, 광활한 대지의 끝에서 황금 사과들을 지키고 있다. 바로 위에서 열거한 이들이 케토와 포르퀴스의 후손들이다.

(2) 우라노스와 가이아의 손자들

테튀스와 오케아노스의 자식들

테튀스는 오케아노스에게서 소용돌이치며 흐르는 강들을 낳았다. 그 강들은 나일, 알페이오스와 깊이 소용돌이치며 흐르는 에리다노스, 또한 스트뤼몬, 마이안드로스, 아름다운 이스트로스, 파시스, 레소스와 은빛으로 소용돌이치며 흐르는 아켈로오스, 네소스, 로디오스, 할리아크몬, 헵타포로스, 그라니코스, 아이세포스와 신성한 시모에이스, 페네이오스, 헤르모스와 아름답게 흐르는 카이코스, 위대한 상가리오스, 라돈과 파르테니오스, 에우에노스, 아

---

96) 네메아 근처에 있는 두 개의 산 이름.

르데스코스와 멋들어진 스카만드로스 등이다.[97]

테튀스는 또한 많은 수의 신성한 딸들[98]을 낳았는데, 이들은 자신들의 지배자인 아폴론 그리고 강들과 더불어 청소년들을 지켜준다.[99] 이들은 그 임무를 제우스로부터 부여받았기 때문이다. 이 딸들은 페이토, 아드메테, 이안테와 엘렉트라, 도리스와 프륌노와 여신처럼 아름다운 우라니아, 히포, 클뤼메네, 로데이아와 칼리로에, 제욱소, 클뤼티에, 이뒤이아와 페이시토에, 플렉사우레, 갈락사우레

■■■■■■■
97) 헤시오도스는 여기서 정확하게 테튀스의 쉰 명의 딸들 중 절반인 스물다섯 개의 큰 강을 나열하면서 고대 그리스인들이 생각했던 지구의 모습을 그리고 있다. 고대 그리스인들은 지구가 평평하고 그 주위를 오케아노스 강이 감싸며 흐른다고 생각했다. 그리고 그 오케아노스의 지류로 동쪽으로는 파시스 강, 서쪽으로는 에리다노스 강, 남쪽으로는 나일 강, 북쪽으로는 이스트로스 강이 각 지역의 중심 하천으로 흐르고 있다고 생각했다. 이것을 더 구체적으로 지역과 연관해서 설명하면 나일 강과, 마이안드로스, 헤르모스, 카이코스 강 등은 이집트와 소아시아의 서북 서해안을, 알페이오스와 에리다노스는 펠로폰네소스 혹은 이탈리아를, 이스트로스, 네소스, 할리아크몬, 페네이소스 등은 서쪽 혹해 연안과 트라키아와 마케도니아 그리고 테살리아 지방을 암시한다.
98) 강의 요정들을 의미한다. 이들은 선행을 베푸는 존재로 풍요와 행복을 가져온다.
99) 강의 요정들은 풍요를 관장했기 때문에 자연히 청소년을 보호하는 역할도 했다. 고대 그리스에서는 청소년기가 끝나면 그 아이의 머리카락을 잘라내서 강의 요정들과 그의 보호자로 여겨지는 아폴론에게 바치는 의식이 있었다.

와 매력적인 디오네, 거기에다 멜로보시스, 토에와 귀엽게
생긴 폴뤼도레, 예쁘게 자란 케르케이스와 암소 눈을 가진
플루토, 페르세이스, 이아네이라, 아카스테, 크산테, 귀여
운 페트라이아, 메네스토와 에우로페, 메티스, 에우뤼노
메,[100] 사프란 옷을 입고 있는 텔레스토, 크뤼세이스, 아시
아와 매력적인 칼립소와 에우도레, 튀케, 암피로와 오퀴로
에와 이들 가운데 가장 뛰어난 스튁스[101] 등이다. 이들은
오케아노스와 테튀스의 가장 나이든 딸이다. 그러나 아직
도 다른 딸들이 많이 있다. 귀여운 발목을 지닌 오케아노
스의 딸들은 삼천 명이나 되기 때문이다. 이들 찬연히 빛
나는 신의 자식들은 대지나 바다 속 깊은 곳 어디에나 고
르게 흩어져 살고 있다. 또한 오케아노스의 아들들로 여왕
테튀스에게서 태어나 졸졸거리며 흐르는 시냇물들도 있다.
다만 유한한 인간은 그들의 이름을 모두 거명할 수 없을
뿐이다. 그러나 물론 그들 옆에서 살고 있는 사람들은 그
들을 알고 있다.

100) 제우스의 아내로 우미의 여신들의 어머니.
101) 오케아노스의 큰딸로 티탄과의 싸움에서 제우스를 도와준다. 그녀
는 그 대가로 신들이 맹세할 때는 그녀의 이름을 걸고 해야 하는 영광
을 누린다. 신들이 그녀를 좋아하지 않기 때문에 그녀는 지하 세계로
들어갔다.

휘페리온과 테이아, 크레이오스와 에우뤼비아의 자식들

테이아는 내키지 않았지만 휘페리온의 사랑을 받아들여 위대한 헬리오스와 밝은 셀레네와 대지의 모든 인간들이나 광활한 하늘에 거주하고 있는 불사의 신들에게 빛을 가져다 주는 에오스[102]를 낳았다.

그리고 총명한 여신 에우뤼비아는 크레이오스와 사랑으로 한 몸이 되어 위대한 아스트라이오스[103]를 낳았고, 이어 팔라스[104]도 낳았으며 그리고 누구보다도 지혜가 출중한 페르세스[105]를 낳았다.

또 아스트라이오스 남신과 여신 에오스는 사랑으로 하나가 되어 거친 바람들과 하늘을 청소해 주는 제퓌로스,[106] 재빠른 보레아스[107] 그리고 노토스[108]를 낳았다. 새벽의 여신 에오스는 이들을 낳은 후 샛별과 하늘이 왕관 삼아 머리에 쓰고 있는 반짝이는 별들을 낳았다.

---

102) 새벽의 여신이자 바람들의 어머니.
103) 바람들의 아버지.
104) 스튁스의 남편. 달의 아버지로도 여겨진다.
105) 페르세스는 그리스 신화에서 그 행적이 별로 알려져 있지 않은 인물로, 헤시오도스의 형제와 이름이 똑같다.
106) 서풍.
107) 북풍.
108) 남풍.

스틱스, 포이베의 자식들

오케아노스의 딸 스틱스는 팔라스와 결혼하여 궁전에서 젤로스[109]와 발목이 예쁜 니케[110]를 낳았으며 크라토스[111]와 비아[112]라는 멋진 자식들도 낳았다. 이들은 제우스로부터 멀지 않은 곳에 살면서 그가 지시하지 않은 자리에는 앉지도 않고, 그가 지시하지 않은 길이면 가지도 않으며, 항상 큰 소리로 천둥을 치는 그의 곁에 머문다. 오케아노스의 불멸의 딸 스틱스는 번개를 던지는 올림포스의 제우스가 불멸의 모든 신들을 높디높은 올림포스로 불러들여, 자신은 자신과 함께 티탄 신족들과 대항해서 싸웠던 신 중 누구에게서도 특권을 빼앗지 않을 것이며, 각자는 영원한 신들의 동아리에서 예전과 똑같은 지위를 누리게 될 것이라고 천명한 날 그렇게 하기로 결심했기 때문이다. 제우스는 그날 크로노스로부터 명예와 특권을 받지 못한 신들도 마땅히 명예와 특권을 받게 될 것이라고 덧붙였다. 그러자 불멸의 스틱스는 아버지의 충고를 좇아 맨 먼저 자식들과 함께 올림포스로 올라왔으며, 제우스는 그녀에게 합당한 명예와 지위를

109) 경쟁.
110) 승리.
111) 힘.
112) 권력.

수여하고 값진 선물을 선사했다. 제우스는 앞으로 위대한 신들의 맹세는 그녀의 이름을 걸고 하도록 했으며, 그녀의 자식들은 항상 자신의 곁에 살도록 허락했기 때문이다. 마찬가지로 그는 모든 신들과 한 약속을 철저히 지켰다. 하지만 그의 통치는 강력하고 빈틈이 없었다.

헤카테 여신

한편, 포이베가 그토록 열망하던 코이오스의 침대에 오르게 되었다. 그러자 그 여신은 포이베의 포옹으로 수태하여 어두운 옷을 입고 다니는 레토[113]를 낳았는데, 레토는 인간과 영원한 신들에게 항상 친절하고 온화하였다. 그녀는 원래 천성이 상냥하였고 올림포스에서 가장 부드러운 여신이었다. 포이베는 또한 아스테리아라는 행복한 이름의 딸도 낳았는데, 페르세스는 언젠가 이 아스테리아를 아내로 삼기 위해 자신의 거대한 집으로 데려왔다. 그 후 아스테리아는 곧바로 수태하여 헤카테[114]를 낳았다. 크로노스의 아들 제우스는 그녀를 누구보다도 존경해 마지않았으며, 그녀에게

---
113) 아폴론과 아르테미스의 어머니.
114) 헤카테는 호메로스의 작품에는 등장하지 않는다. 헤시오도스가 비로소 여기서 헤카테를 발굴하여 그녀에게 정당한 권리를 부여하고 있다. 헤카테는 원래 제사의 여신이었다. 그래서 아티카에는 어디에나

자랑스러운 선물, 즉 대지와 황량한 바다에 대한 지분을 주었다. 하지만 그녀는 별이 총총한 하늘에 대한 권한도 갖고 있어, 불멸의 신들로부터 최고의 명예를 받아 누리고 있다. 오늘날도 지상의 인간이 관습에 따라 성대한 희생제를 드리며 은총을 간구할 때면 헤카테의 이름을 부른다. 그리고 여신이 그 간구를 들어주는 사람은 높은 명예를 얻게 된다. 또한 그녀는 그 사람에게 부(富)를 선사할 만한 힘도 갖고 있었다. 헤카테는 가이아와 우라노스의 자식들이 갖고 있는 모든 명예에 대해 일정한 지분을 갖고 있기 때문이다. 크로노스의 아들은 그녀를 부당하게 다루지도 않았고, 그녀가 티탄 신족에게서 받았던 어떤 권한도 빼앗지 않았다. 헤카테는 땅과 하늘과 바다에서 그녀에게 원래 주어졌던 위엄을 그대로 간직하고 있다. 이처럼 그 여신은 외동딸로서 더 적은 명예를 누린 것이 아니라 훨씬 더 많은 명예를 얻었다. 제우스가 그녀를 존경했기 때문이다.

헤카테는 마음만 먹으면 누구든지 가까이서 힘껏 그를 도와준다. 헤카테가 은총을 내리는 사람은 군중 속에서도 단연 두드러져 보인다. 그리고 군사들이 서로 죽고 죽이는 전

집 앞에 헤카테 제단이 있었다. 하지만 헤카테는 나중에는 마법의 여신이 된다. 그녀는 땅과 하늘과 바다에 일정한 지분을 갖고 있으며 신들과 인간들 사이를 중재한다.

투를 할 때도 헤카테는 자신이 원하는 사람에게 다가가서 자애롭게 승리를 안겨주고 명예를 선사한다. 재판을 할 때도 헤카테는 존경할 만한 군주의 옆에 앉아 있다. 그녀는 또 남자들이 경기에서 서로 겨룰 때에도 항상 자비를 베푼다. 헤카테는 이때도 이들 옆에 서서 그들을 도와주기 때문이다. 그리하여 힘과 능력이 있는 사람은 경기에서 쉽게 이겨, 많은 상을 받아 기쁜 마음으로 부모에게 영광을 드리는 것이다. 헤카테는 마음만 먹으면 기수를 도울 수도 있다. 헤카테는 번쩍거리며 폭풍우가 이는 바다를 생업으로 삼고 있는 사람들에게도 도움을 준다. 그리하여 그들은 헤카테와, 거대한 소리를 내며 대지를 뒤흔드는 자인 포세이돈에게 간구하는 것이다. 그러면 그 영광스러운 여신은 그들이 힘들이지 않고도 많은 고기를 잡도록 해주기도 하지만, 때로는 잡은 고기를 빼앗아 가기도 한다. 또 그녀는 헤르메스[115]와 함께 자애롭게도 축사의 가축을 불려준다. 그녀는 소 떼와 흩어져 있는 염소 떼 그리고 털이 뭉실뭉실한 양 떼들도 마음만 먹으면 적게 만들 수도 있고 많게 만들 수도 있다.

   비록 그녀는 외동딸이었지만 이처럼 신들 사이에서 많은 영광을 누리는 축복을 받았다. 그 후 크로노스의 아들은 헤

---

115) 헤르메스는 특히 목동들에게 존경받았다.

카테를, 모든 것을 비추는 에오스의 빛을 자신의 눈으로 직접 보게 된 모든 갓난아이들의 보호자로 임명하였다. 이렇게 그녀는 처음부터 갓난아이들의 보호자였다. 이것들이 모두 그녀가 하는 명예로운 일들이다.

제우스와 그의 형제자매들의 출생

레아는 크로노스의 완력에 못 이겨 훌륭한 자식들, 즉 헤스티아,[116] 데메테르[117] 그리고 황금 신발을 신고 있는 헤라, 동정심이라고는 하나도 없는 지하 세계의 강력한 하데스, 거대한 소리로 지축을 흔들며 대지를 뒤흔드는 자인 포세이돈 그리고 신들과 인간들의 아버지이자 천둥 소리로 광활한 대지를 벌벌 떨게 하는 영리한 제우스 등을 낳았다.

거대한 크로노스는 이 모든 자식들이 성스러운 자궁에서 어머니의 무릎으로 나오자마자 하나씩 먹어치웠다. 그래서 이 우라노스의 훌륭한 손자들 중 그 누구도 신들 사이에서 받아 마땅한 권력을 누리지 못했다. 크로노스는 가이아와 별이 총총한 우라노스로부터 자신의 힘이 아무리 강해도 결국 한 아들의 손에——그것은 위대한 제우스의 계략에 의해

---

116) 화로와 화덕의 신.
117) 농경의 신.

크로노스에게 내려질 형벌이었는데—정복당하리라는 얘기를 들었기 때문이다. 그래서 크로노스는 망루에서 눈을 부릅뜨고 경계의 빛을 늦추지 않고 있다가 자식들을 먹어치웠고, 레아는 이루 말할 수 없는 고통을 겪었다.

하지만 레아는 이제 신들과 인간들의 아버지인 제우스를 낳을 때가 다가오자 사랑하는 부모인 가이아와 별이 총총한 우라노스에게 막내아들의 출생을 숨길 계략과, 사악한 생각을 품고 있는 거대한 크로노스가 아버지 우라노스와 자신이 삼켜버린 자식들에게 저지른 불의에 복수할 계략을 짜달라고 부탁했다. 이들은 딸의 말을 듣고 기꺼이 그 뜻에 따라주었으며, 그녀에게 크로노스 왕과 고집 센 그의 아들에게 어떤 운명이 기다리고 있는지 알려주었다. 그리고 레아가 자식들 중 막내인 위대한 제우스를 낳을 때가 되었을 때, 그들은 그녀에게 크레타 섬에서도 가장 풍요로운 지역인 뤼크토스로 가라고 했다. 그리고 그녀가 크레타에 도착하자 광활한 대지인 가이아는 젖을 주어 기르기 위해 넓은 가슴으로 먼저 그녀에게서 제우스를 받아냈다. 그러자 레아는 칠흑처럼 어두운 밤을 이용하여 제우스를 품에 안고 잽싸게 뤼크토스로 데려가서는, 숲이 무성하게 우거진 아이가이온 산기슭의 성스러운 대지 밑바닥 누구도 접근하기 어려운 동굴에 숨겼다.

한편 레아는 강력한 통치자이자 하늘의 아들이며 지금까지 신들의 왕이었던 크로노스에게 강보로 싼 커다란 돌을 넘겨주었다. 그러자 역겨운 크로노스는 그 돌을 집어 자기 몸에 쑤셔 넣었다. 그러나 크로노스는 돌 대신에 무적의 용감한 아들이 살아남아 있다는 것을, 그리고 그 아들이 힘으로 곧 자신을 왕좌에서 쫓아내고 신들 위에 군림하게 되리라는 것을 알아차리지 못했다.

그 후 그 왕자의 광채가 나는 몸은 신속하게 자라나고 용기도 부쩍 늘어만 갔는데, 일 년이 채 지나지 않아[119] 거대하고 사악한 크로노스는 가이아의 영리한 제안에 속고[120] 이 아들의 꾀와 힘에 눌려 다른 자식들을 토해 내서 되살렸다. 크로노스는 맨 먼저 자신이 마지막에 삼켰던 돌을 토해 냈다. 제우스는 그 돌을 파르나소스 산[121] 기슭에 있는 성스러운 퓌토의 넓은 길이 있는 대지 위에 세워 놓았다.[122] 그

---

119) 신화 속 신의 자식들은 인간의 자식들과는 비교할 수 없이 훨씬 빠르게 자란다.
120) 가이아는 우라노스를 거세할 때 크로노스를 도운 것처럼 여기서도 제우스를 도와 크로노스를 왕위에서 물러나게 한다.
121) 보이오티아와 코린트 만 사이에 있는 높은 산. 이 산기슭에 델피가 있다.
122) 델피의 아폴론 신전에 있는 돌은 크로노스의 만행과 제우스의 승리를 기념하기 위한 것이다. 그 돌은 '옴팔로스'라고 불리며 세계의 배꼽으로 숭배되었다.

것은 앞으로 도래할 시대에 대한 하나의 징표였으며 죽음을 면치 못하는 인간에게는 놀라운 기적의 표시였다.

제우스는 또한 아버지의 형제들인 하늘의 자식들을 우라노스가 마음의 눈이 멀어 묶어두었던 무시무시한 사슬에서 풀어주었다. 그들은 제우스의 은혜에 고마워한 나머지 거대한 가이아가 전에 숨겨두었던 천둥과 연기 나는 번개와 눈부신 벼락을 제우스에게 주었다. 제우스는 그것으로 인간과 영원한 신들을 다스린다.

제2부

올림포스 신족 제우스의 권력 쟁취 과정

1. 아틀라스와 메노이티오스

한편 이아페토스는 발목이 예쁜 오케아노스의 딸 클뤼메네[1]를 아내로 맞이하여 동침하였다. 클뤼메네는 그에게서 용감한 아들 아틀라스를 낳았고, 영광스러운 메노이티오스[2]와 민첩하고 꾀 많은 프로메테우스 그리고 빵을 먹는 인간에게 최초로 불행을 가져다준 바보 에피메테우스를 낳았다. 또한 에피메테우스는 제우스로부터 최초로 인위적으로 만들

---
1) 수많은 오케아노스의 딸들 중 한 명.
2) 어떤 영광스러운 일을 했는지는 이 책뿐 아니라 그 어디에도 기록되어 있지 않다.

어진 여자[3]를 아내로 받는다. 앞일을 예견하는 제우스는 무법자 메노이티오스를 연기 나는 번개로 쳐서 에레보스[4]로 던져버렸다. 왜냐하면 그가 통제하기 어렵고 너무 무모하고 뻔뻔스러웠기 때문이다. 그러나 아틀라스는 목소리가 낭랑한 헤스페리데스[5]가 사는 세상의 끝에서 똑바로 서서, 머리와 지칠 줄 모르는 팔로 억지로 넓은 하늘을 떠받치고 있어야 했다.[6] 충고하는 자인 제우스가 그에게 이런 운명을 내렸기 때문이다.

2. 프로메테우스와 제우스의 대결

(1) 프로메테우스의 형벌

또한 제우스는 아주 지혜로운 프로메테우스를 바위에 쇠말뚝을 박고 도저히 벗어날 수 없는 고통스러운 쇠사슬로

---

3) 판도라.
4) 지하 세계의 암흑.
5) 헤스페리데스는 이 책에서는 밤의 딸들로 분류하고 있지만, 어떤 책에서는 아틀라스의 딸들로 기술되어 있기도 하다.
6) 히타이트 신화의 거인 우펠루리도 지구와 하늘을 떠받치고 있었다. 후에 사람들은 아틀라스를 북아프리카의 산맥과 연결시켰다.

꽁꽁 묶었다.[7] 제우스는 강한 날개를 지닌 독수리를 프로메테우스에게 보내 그의 불멸의 간[8]을 파먹도록 했다. 하지만 그 간은 강한 날개를 지닌 독수리가 낮에 파먹은 만큼 밤이면 다시 완전히 자라났다. 그런데 발목이 예쁜 알크메네의 힘센 아들 헤라클레스가 바로 이 독수리를 죽여서, 이아페토스의 아들이 겪고 있는 무시무시한 고통을 막아주고 그를 불행에서 구해 주었다.[9] 이런 일은 풍요로운 대지에서 테베 출신의 헤라클레스의 명예가 전보다 훨씬 더 빛을 발하도록 하려는 높은 곳에서 다스리고 있는 올림포스의 제우스의 뜻이 없었다면 불가능했을 것이다. 제우스는 이런 명예를 자신의 자랑스러운 아들에게 내려주었다. 이것으로 제우스는 화가 아직 다 풀린 것은 아니었지만 프로메테우스가 강력한 크로노스의 아들인 자신과 지혜를 겨루려고 했던 때부터

7) 아이스퀼로스의 작품에는 프로메테우스는 가슴에 말뚝이 박혀 있는 것으로 묘사되어 있다. 여기서는 아마 프로메테우스를 쇠사슬로 쇠기둥에 묶었다는 표현일 것이다. 프로메테우스가 이런 형벌을 받는 장소는 코카서스 산이다. 아이스퀼로스는 「사슬에 묶인 프로메테우스」에서 프로메테우스를 독재자 제우스에 의연하게 맞서 싸우는 정의의 사도로 그리고 있으나, 헤시오도스는 정의로운 제우스에게 겁모르고 대드는 사기꾼이자 범죄자로 묘사하고 있다.
8) 간은 저항의 상징으로 인체에서 가장 민감한 장기다. 참고로 윤동주의 시에 「간」이라는 시가 있다.
9) 헤라클레스가 독수리만을 죽였는지, 아니면 프로메테우스를 사슬에서도 풀어주었는지에 대해서는 논란이 많다.

그때까지 품고 있었던 분노를 다소 누그러뜨렸다.

(2) 프로메테우스의 속임수

그 당시 프로메테우스는 신들과 유한한 인간들이 바로 메코네에서 협정을 맺을 때[10] 교활한 의도를 품고 커다란 소를 잡아 둘로 나누어 내어놓고 제우스를 속이려고 했었다. 프로메테우스는 하나는 살코기와 기름기가 있는 내장을 소 가죽으로 말아서 소 위장으로 쌌다. 또 다른 하나는 소의 하얀 뼈를 윤기가 흐르는 기름덩이로 덮어 예쁘게 쌌다.[11] 그러자 신과 인간의 아버지가 그에게 말했다. "이아페토스의 아들이여, 모든 신들 중에서 가장 영리한 자여, 나의 오랜 친구여! 너는 고기를 너무 불공평하게 나누었구나!" 지혜롭기 그지없는 제우스는 프로메테우스를 이렇게 꾸짖었다. 그러나 사악한 프로메테우스는 부드럽게 미소 짓고는 자신

---

10) 인간들은 원래 신들과 서로 교류가 있었다. 언젠가 신들은 자신들과 인간들의 관계를 협정을 맺어 조절하려고 했던 것 같다. 바로 이때 프로메테우스가 신들을 속여 인간과 신은 영영 갈라지게 되었고 이때부터 인간의 타락이 시작된다. 그래서 이때부터 단지 영웅들만이 신들과 접촉할 수 있는 권리를 갖게 된다.

11) 원래 짐승의 뼈와 가죽은 인간들이 죽인 짐승들에 대한 예의로 그들이 다시 살아나기를 바라며 이렇게 싸놓았다. 인간들은 나중에야 비로소 이런 관습을 신과 연관지었다.

의 교활한 술책과 속임수를 자랑스러워하듯 이렇게 말했다. "제우스 신이시여, 모든 영원한 신들 중 가장 명예롭고 가장 고귀한 신이시여! 이 둘 중 당신의 마음에 드는 것을 고르소서!" 그는 그렇게 교활하게 말했다. 그러나 지혜롭기 그지없는 제우스는 그의 속내를 꿰뚫어보며 속임수를 알아채고[12] 동시에 유한한 인간들에게 내릴 수 있을 재앙들을 마음속으로 상상해 보았다. 두 손으로 하얀 기름덩이를 들어올리면서 제우스는 속으로 화가 치밀어 올랐다. 그리고 소의 하얀 뼈가 아주 교활하고 정교하게 싸여 있는 것을 보자 마음에 분노가 사무쳤다. 이 일이 있은 후부터 지상의 인간들은 향내로 뒤덮인 제단 위에서 하얀 뼈를 태워 신들에게 제사를 지낸다.

(3) 프로메테우스와 불

무척 화가 난, 구름을 모으는 신인 제우스는 프로메테우스에게 이렇게 말했다. "이아페토스의 아들이여, 누구보다도 영리하고 교활한 자여, 나의 오랜 친구여, 보아하니 너는 아직도 그 간사한 속임수를 버리지 않았구나."

────────
12) 헤시오도스는 크로노스와 달리 제우스는 절대로 속일 수 없다는 사실을 계속 강조하고 있다.

지혜롭기 그지없는 제우스는 화가 나서 그렇게 말했다. 그 후 제우스는 항상 그 속임수를 생각하며 지상에 살고 있는 물푸레나무에서 나온 유한한 인간에게 꺼질 줄 모르고 타는 불의 힘을 오랫동안 주지 않았다.[13] 하지만 수완이 좋은 이아페토스의 아들은 제우스 몰래 속이 빈 회향목 줄기 속에 꺼질 줄 모르고 타며 멀리 빛을 비추는 불을 숨겨 훔쳐 왔다.[14] 그러자 하늘에서 천둥을 치던 제우스는 마음이 괴로웠으며, 더군다나 멀리 빛을 비추는 불이 인간들 옆에서 활활 타오르는 것을 보자 그의 분노는 극에 달하게 되었다.

(4) 인류 최초의 여성 판도라

곧바로 제우스는 불에 대한 벌로 인간에게 내릴 재앙 하나를 생각해 냈다. 그리하여 영광스러운 절름발이 신 헤파이스토스[15]가 제우스의 계획에 따라 흙으로 정숙한 처녀의

---

13) 인간들이 자신의 몫으로 받은 고기를 요리해서 먹는 즐거움을 한동안 주지 않았다는 뜻이다.
14) 프로메테우스는 그 불을 태양이나, 혹은 헤파이스토스의 공장에서 훔쳐 왔을 것이다.
15) 헤파이스토스는 헤라가 혼자 낳은 아들로 소아마비로 태어나 발을 절름거렸으며, 신들의 대장장이자 예술가였다. 어떤 책은 헤파이스토스를 제우스와 헤라의 자식으로 쓰고 있다.

상을 하나 빚어냈다.[16] 그리고 눈이 빛나는 아테나 여신은 그 상에 광택이 나는 옷을 입혀준 다음 허리띠를 둘러주고, 머리에 자신의 손으로 직접 공들여 수를 놓은 면사포를 드리웠다. 정말 그냥 보기에도 아까운 모습이었다. 팔라스 아테나는 또 갓 돋아난 풀꽃으로 만든 귀여운 화관도 그녀의 머리에 얹어주었으며, 게다가 명예스러운 절름발이 신도 황금관을 만들어 그녀의 머리에 씌워주었는데, 그것은 그가 아버지 제우스의 뜻을 받들어 직접 공들여 만든 것이었다. 그 황금관에는 헤파이스토스가 육지나 바다의 양분을 먹고 사는 수많은 동물들에게서 본떠 온 것과 같은 정말 굉장한 모습들이 새겨져 있었다. 그 동물들의 상은 강력한 매력을 발산하였으며 마치 목소리를 지니고 있고 살아 움직이는 것 같았다.

　제우스는 이 아름다운 재앙을 인간이 받은 불의 축복에 대한 벌로 만든 후에 다른 신들이나 인간들이 있는 곳으로 데려갔는데, 특히 그녀는 강력한 제우스의 딸이며 빛나는 눈을 지닌 아테나가 준 장신구를 하고 있어 눈이 부시도록

---

16) 다른 많은 민족의 신화에서도 여자는 남자보다 나중에 생겨나 남자에게 불행만을 초래한다고 쓰여 있다. 특히 성서의 「창세기」에도 이브는 아담에게 선악과를 따주어 인류가 에덴 동산에서 추방되게 만드는 악역을 맡고 있다.

아름다웠다. 불멸의 신들과 유한한 인간들은 미처 상상할 수도 없었던 여인을 보자 놀라움을 금할 수 없었다. 특히 그녀는 인간들에게는 물리칠 수 없는 매혹적인 존재였다.

이렇게 해서 그녀로부터 여자와 여성의 종족이 생겨났다. 즉 그녀로부터 인간에게 커다란 고통이자 아주 사악한 종족인 여자의 무리가 유래하는 것이다.[17] 그들은 남자의 집에 살기는 한다. 그러나 그들은 남자가 찢어지게 가난할 때가 아니라 아주 풍족할 때만 그의 동반자로 지낼 뿐이다. 일벌들은 둥근 벌집에서 해가 질 때까지 하루 종일 뼈 빠지게 일하며 하얀 벌집을 짓고 성격이 포악한 수벌들을 먹여 살린다. 이에 비해 수벌들은 오목한 벌집에 편히 앉아서 자신이 수고하지 않은 남의 양식을 자신들의 배에 쑤셔 넣기만 한다. 바로 이 수벌과 똑같이 하늘에서 천둥을 치는 제우스는 유한한 인간들에게 재앙을 내리기 위해 성격이 사악한 여자들을 만들었다. 또 제우스는 인간이 얻은 이익을 상쇄시키기 위해 또 다른 재앙을 주었다. 즉 결혼과 여자로 인한 근심을 피해서 결혼하지 않으려고 하는 사람은 비참한 노년을 맞게 해준 것이다. 그런 노인에게는 노년에 자신을 돌보아줄 사람이 없기 때문이다. 그런 노인은 살아생전에는

---

[17] 헤시오도스는 여성 혐오주의자였으며 인생에서 여자의 해악성을 설파하려고 했다.

그럭저럭 생계를 유지하지만, 죽으면 그의 재산을 먼 친척들이 나누어 가질 것이다. 그러나 결혼해서 고상한 아내, 즉 마음에 맞는 여자를 취하는 사람도 일생 동안 행과 불행 사이를 떠돌게 될 것이다. 특히 아주 질이 나쁜 여자에게 빠지면 그는 평생 마음과 정신에 그칠 줄 모르는 고통을 안고 살 것이며, 그 불행은 결코 치유될 수 없을 것이다.

그래서 아무도 제우스의 뜻을 기만하거나 속일 수는 없다. 교활한 이아페토스의 아들 프로메테우스조차도 제우스의 격심한 분노를 피하지 못했다. 총명한 그도 제우스의 강력한 쇠사슬에 단단히 결박당했기 때문이다.

3. 제우스와 티탄 신족과의 전쟁

(1) 헤가톤케이레스의 해방

아버지 우라노스는 처음엔 브리아레오스와 코토스와 귀게스를 마음속 깊이 미워하여 그들을 단단한 쇠사슬로 묶더니, 나중에는 그들의 거대한 힘과 외모 그리고 덩치가 무서워 넓은 길이 나 있는 지하 세계로 추방하였다. 그들은 거기 세상의 끝, 거대한 땅의 경계선에 있는 지하 세계에서 고통을 받으며 살면서, 오랫동안 비애를 느끼며 괴로워하고 있었다.[18] 하지만 아름다운 머리카락을 지닌 레아가 크로노스와 사랑을 하여 낳은 다른 영원불멸의 신들, 그리고 크로노스의 아들인 제우스는 가이아의 충고를 따라 그들을 구출하여 세상의 빛을 보도록 하였다. 가이아가 말하길, 브리아레오스와 코토스 그리고 귀게스와 그들이 연합하면 승리와 영광스러운 명예를 얻으리라고 했기 때문이다. 그래서 벌써 오래전부터 티탄 신족과 크로노스의 아들들은 서로 엄청난 싸움을 벌이면서 힘든 고통을 겪고 있었는데, 한쪽 높은 오트뤼스 산에는 거만한 티탄 신족이, 그리고 다른 쪽 올륌포스 산에는 아름다운 머리카락을 지닌 레아가 크로노스와 동침하여 낳은, 선을 베푸는 신들이 진을 치고 싸우고 있었다.[19]

(2) 전쟁 전의 제우스의 연설

이들은 그 당시 꼬박 십 년이 넘도록[20] 고통스러운 싸움

---

18) 이들이 겪은 고통은 나중에 제우스의 형제들에게 패하여 타르타로스에 갇히게 될 티탄 신족들의 고통을 예견해 준다.
19) 신들의 싸움은 테살리아 지방의 평원에서 이루어졌는데, 티탄 신들의 본거지는 오트뤼스 산 정상이었고 다른 쪽은 올륌포스 산 정상이었다.

을 계속하고 있었다. 양측의 싸움은 해결책이나 끝이 보이지 않았고, 싸움의 결말도 알 수 없었다. 제우스는 그 세 거인들에게 신들이 먹는 넥타르와 암브로시아[21] 등과 같은 음식을 적당하게 나누어주었다. 넥타르와 맛있는 암브로시아를 먹자 거인들의 가슴속에서 거친 성정이 솟아오르게 되었다. 바로 그 순간 인간들과 신들의 아버지는 그들에게 이렇게 말하였다. "너희들, 하늘과 땅의 영광스러운 자식들이여, 내 가슴속 심장이 나에게 명하는 것을 너희들에게 말할 수 있도록 내 말에 귀 기울일지어다. 티탄 신족과 우리 크로노스의 자식들은 벌써 오랫동안 승리와 권력을 쟁취하기 위해 서로 날마다 싸우고 있노라. 그러나 바로 지금이야말로 이 위험한 싸움터에서 티탄 신족에게 너희들의 힘과 무적의 팔의 위력을 보여줄 때라. 우리가 너희들에게 보여준 호의와, 너희들이 우리들의 결단에 따라 고통스러운 감옥과 음습한 습지에서 나와 세상의 햇빛을 보기 전에 겪었던 모든 고통을 한번 생각해 보아라."

---

20) 신화에서 묘사되는 전쟁은 일반적으로 십 년으로 트로이 전쟁도 십 년 동안 지속되었다.
21) 넥타르와 암브로시아는 신들이 먹는 음료수와 음식으로, 제우스가 이것들을 주었다는 것은 이들을 다시 신으로 복권시켰다는 의미다.

(3) 제우스와 티탄 신족과의 전쟁

그가 이렇게 말하자 빈틈 하나 없는 코토스가 다음과 같이 대답했다. "최고의 신이시여, 저희는 당신이 무슨 말씀을 하는지 잘 이해하고 있고, 또한 당신의 지혜가 얼마나 높고, 당신의 통찰력이 얼마나 깊은지 잘 알고 있습니다. 그리고 당신은 끔찍한 불행에 처해 있던 저희 신들의 구원자이기도 하십니다. 당신의 배려 덕분으로 저희는 음습한 습지와 무서운 쇠사슬로부터 다시 이곳 지상으로 나오게 되었습니다. 오, 저희의 지배자이시며 크로노스의 아들이시여, 그 당시 저희는 이미 모든 희망을 버렸었습니다. 따라서 이제 저희는 그에 대한 보답으로 강철 같은 마음과 결연한 의지로 아무리 처절한 싸움일지라도 당신의 권력을 지켜낼 것이고, 아무리 격렬한 전투일지라도 티탄 신족에 당당히 맞서 싸울 것입니다."

코토스가 그렇게 말하자, 선을 베푸는 신들이 그의 말을 듣고 그를 칭찬했다. 그리고 신들의 마음속에서는 전보다 훨씬 더 싸우고 싶은 욕구가 맹렬히 불타올랐다. 그래서 모든 신들은 남신 여신 할 것 없이 바로 그날 또 격렬하게 전투를 벌였다. 한쪽에는 티탄 신족, 그리고 다른 한쪽에는 제우스에 의해서 지하 세계의 에레보스에서 지상으로 꺼내

어졌던 보기 끔찍하고 강인하며 엄청난 힘을 지닌 그 세 신들과 함께 크로노스의 자식들이 단호하게 맞서 싸웠다. 이 세 신들의 겨드랑이에서는 백 개의 팔이 똑같은 길이로 튀어나와 있었고, 각자의 어깨에는 오십 개의 머리가 돋아나 있었다. 그 당시에 이들은 이 격렬한 전투에서 티탄 신족에 대항하여 그 강인한 손에 커다란 바위를 들고 서 있었으며, 반대편에서는 티탄 신족이 결연하게 대열을 지어 맞서 있었다. 그리고 양측은 동시에 자신들의 강력한 팔의 힘을 마음껏 발휘해 보였다. 그러자 끝없는 바다는 무시무시한 포효 소리를 내고, 대지는 큰 소리로 울렸으며, 광활한 하늘은 몸을 흔들며 신음을 냈다. 그리고 거대한 올림포스 산은 신들의 돌진으로 밑이 뿌리째 흔들렸다. 신들의 둔중한 발걸음, 게다가 그들이 무섭게 돌진할 때마다 날카롭게 질러대는 비명, 그리고 그들이 던진 엄청난 양의 바위들로 타르타로스도 진동하였다. 그들은 그렇게 서로에게 고통스럽게 바위들을 던져댔다. 양측이 질러대는 함성은 별이 총총한 하늘까지 들릴 정도였다. 그들은 그처럼 거대한 함성을 내지르며 서로 접전을 벌였다.

  이런 상황이 되자 제우스도 자신의 힘을 더 이상 주체할 수 없었다. 그의 마음에서는 강한 전투욕이 불타올랐으며, 자신의 모든 힘을 유감없이 발휘하였다. 그는 하늘과 올림포스 위에서 동시에 계속 번개를 던지면서 지상으로 내려왔다. 번개는 그의 강한 손에서 천둥과 함께 눈부신 벼락을을 치며 쉴 새 없이 날아왔으며 계속해서 무시무시한 불을 뿜어댔다. 비옥한 대지가 그 불에 맞아 사방에서 진동하였고, 광활한 숲은 도처에서 불타면서 우지직 하고 쓰러졌다. 온 땅이 지글지글 끓어올랐고 황량한 바다와 함께 오케아노스의 물결도 부글부글 끓어올랐다. 뜨거운 열기가 땅위에 나온 지하 세계의 티탄 신들을 괴롭혔고, 엄청난 불길은 공중으로 솟구쳐 올라 신성한 하늘까지 닿았다. 그리고 번개와 벼락에서 발산하는 광채는 비록 강인한 티탄 신족이었지만 그들의 눈을 부시게 하였다. 무시무시한 열기가 혼돈[22]을 가득 채웠다. 마치 대지와 그 위에 있는 광활한 하늘이 함께 떨어질 때와 같은 광경을 눈으로 보고, 그때 들리는 굉음을 귀로 듣는 것 같은 생각이 들었다. 마치 대지가 허물어지고 하늘이 위에서 아래로 무너질 때와 같은 거대한 굉음이 일어났기 때문이다. 그처럼 신들이 서로 교전할 때 가공할 굉음이 멀리 울려 퍼졌다. 또한 바람은 모든 것을 뒤흔들었고, 먼지구름을 위로 솟아오르게 했으며, 위대한 제우스의 무기인 천둥과 번개와 연기 나는 벼락 그리고 양측

▪▪▪▪▪▪▪
22) 카오스. 여기서는 하늘과 대지 사이.

으로부터 칠흑 같은 타르타로스까지의 거리도 그처럼 멀다. 마찬가지로 만약 청동 모루를 지상에서 아래로 떨어뜨리면 그 모루는 아흐레 낮 밤을 떨어져서 열흘째 되는 밤에야 비로소 타르타로스에 부딪힐 것이다. 타르타로스 주변에는 철로 만든 울타리가 쳐 있고, 밤이 목도리처럼 삼중으로 감싸고 있다. 그러나 타르타로스 바로 위에는 대지와 황량한 바다의 뿌리가 자라나 있다.

4. 지하 세계의 모습

  티탄 신들은 거기 칠흑 같은 어둠 속에, 곰팡이 냄새가 풀풀 나는 대지의 가장자리인 그곳에 구름을 모으는 자인 제우스의 뜻에 따라 갇혀 있다. 모든 출구는 봉쇄되어 있다. 포세이돈이 그 앞에 청동문을 세워놓았고, 주변에는 이중으로 담이 둘러쳐 있기 때문이다. 거기에는 또한 귀게스와 코토스와 용감한 브리아레오스도 아이기스 방패를 지닌 제우스의 충실한 보초병으로서 경계를 서고 있다.
  그곳은 어두운 대지, 칠흑같이 어두운 타르타로스, 황량한 바다 그리고 별이 총총한 하늘 모두가 그 순서대로 시작하고 끝나는 곳이며, 소름 끼치고 퀴퀴한 냄새가 나서 신들조차도 전율을 느끼는 무척이나 깊은 심연이다. 그래서 한 번 그 문에 들어선 사람은 일 년이 지나도 끝에 도달하지 못하며, 오히려 계속해서 불어오는 소름끼치는 폭풍우가 그를 이리저리 낚아챈다. 불멸의 신들에게조차도 이곳은 소름끼치는 공포의 장소다. 거기는 또한 칠흑같이 어두운 밤의 집들이 검은 구름에 가려진 채 놓여 있는 곳이다.

바로 그 앞에서 이아페토스의 아들인 아틀라스는 머리와 지칠 줄 모르는 팔로 넓은 하늘을 흔들리지 않게 떠받치고 있다. 또한 그곳에서 낮과 밤이 든든한 청동 문지방을 지날 때 서로 만나서 인사한다.[24] 하나는 안으로 들어오고, 다른 하나는 문 쪽으로 나오기 때문이다. 그리고 그 집은 낮과 밤을 절대로 함께 재워주지 않는다. 항상 하나가 집을 떠나 지구 위를 소요하는 동안, 다른 하나는 집 안쪽에서 출발 시간을 기다린다. 낮은 지구의 인간들에게 휘황찬란한 빛을 가져다주지만, 위험한 밤은 안개구름에 싸여 팔에 죽음과 형제 사이인 잠을 안고 있다.

거기에는 또한 깜깜한 밤의 자식들이자 끔찍한 신들인 휘프노스[25]와 타나토스[26]의 집이 있다. 빛을 비추는 헬리오스는

---
24) 낮(헤메라)은 에레보스와 밤의 딸이다.
25) 잠의 신이다.
26) 죽음의 신이다.

하늘에 솟아오를 때나 하늘에서 질 때 그들을 한번도 빛으로 비추어본 적이 없다. 이들 중 전자는 지구와 광활한 바다의 뒷면을 평화롭게 소요하며 인간에게 친절하지만, 후자는 가슴속에 강철로 된 심장을 갖고 있어서, 마음이 청동처럼 냉혹하다. 그래서 그가 인간들 중 누구를 한번 잡으면 절대로 놓아주지 않는다. 그는 불멸의 신들에게조차도 적대적이다.

또한 그곳의 앞쪽에는 지하 세계의 신인 강력한 하데스와 무서운 페르세포네의 목소리가 쩡쩡 울리는 궁전이 들어서 있고, 그 집 앞에서는 끔찍한 개[27]가 보초를 서고 있다. 무자비하고 음험한 그 개는 들어오는 사람에게 꼬리와 귀를 흔들며 알랑거리지만, 일단 들어오게 되면 절대로 나가지 못하게 한다. 오히려 그 개는 매복을 서고 있다가 출구에서 잡히는 사람이면 누구든지 삼켜버린다.

그곳에는 또한 불멸의 신들에게 혐오스러운 여신이자 순환하는 강 오케아노스의 큰딸인 끔찍한 스튁스가 살고 있다. 그녀는 신들로부터 멀리 떨어져서 거대한 암석으로 덮인 유명한 집에 살고 있다. 그 집을 빙 둘러서 하늘까지 뻗어 있는 은제 기둥이 받치고 있다. 날쌘 전령 타마우스의 딸 이리스[28]가 넓은 바다의 등을 거쳐 스튁스에게로 오는

27) 케르베로스를 말한다.
28) 무지개의 여신이다. 헤르메스처럼 신들, 특히 헤라의 전령 역할을 한다.

경우는 아주 드물다.[29] 제우스는 신들 사이에 불화와 싸움이 일어나거나 올림포스의 집에 살고 있는 사람 중의 하나가 속였을 때만 이리스를 그곳으로 보내 그 먼 곳으로부터 신들의 맹세를 황금 잔에 받아오게 한다. 그 유명한 얼음물은 높고 가파른 절벽에서 똑똑 떨어지는데, 오케아노스의 지류로서 그 성스러운 강에서 발원하여 넓은 길이 나 있는 대지 아래 깊숙한 곳에서 어두운 밤을 관통하며 흐른다. 오케아노스의 열 번째 지류이기도 한 그 물은 스튁스의 것으로 할당되었다. 다른 아홉 개의 지류는 지구와 광활한 대양의 뒷면을 은빛으로 소용돌이치면서 흐르다가 바다로 흘러 들어간다. 그러나 오직 이 하나의 지류만은 바위에서 흘러나와 신들에게 고통을 준다.

눈 덮인 올림포스 산 정상에 살고 있는 신들 중 누군가가 이 물을 바치면서 거짓 맹세를 하면 꼬박 일 년 동안 숨을 쉬지 못한 채, 암브로시아와 넥타르에도 손을 대지 못하고 소리도 내지 못한 채 침대를 펼쳐놓고 누워 지내야 하기 때문이다. 그러면 무거운 무력감이 그를 감싼다. 하지만 일 년 동안의 고통이 지난 후에는 더 힘든 고통이 그를 기다린다. 즉 그는 구 년 동안 불멸의 신들과 격리된 채 회의나

---

29) 이리스는 그리스 신화에서 세상의 끝으로 알려진 서쪽 끝으로 날아가서 타르타로스로 들어가는 틈으로 내려간다.

향연에도 참가하지 못한다. 그는 그렇게 꼬박 구 년을 보내고 십 년째 되는 해에야 비로소 올림포스에 살고 있는 신들의 무리로 다시 되돌아간다. 그런 맹세를 위해 신들은 바위투성이인 절벽을 관통하며 흐르는 스튁스가 갖고 있는 불멸의 태고의 물을 만들었던 것이다.

거기에는 또한 모든 것, 즉 어두운 대지, 칠흑 같은 타르타로스, 황량한 바다 그리고 별이 총총한 하늘의 근원과 경계가 그 순서대로 놓여 있다. 그곳은 정말 끔찍하고 음습하며 신들에게조차도 공포스러운 곳이다. 또 거기에는 휘황찬란한 대문이 하나 있는데, 그 대문은 스스로 자라나는 단단한 청동 문지방을 갖고 있다. 그리고 그 대문 안쪽, 어둠침침한 심연 저편에는 모든 신들로부터 멀리 떨어져서 티탄 신들이 기거하고 있다. 그러나 강력하게 천둥을 치는 제우스의 영광스러운 협력자인 귀게스와 코토스도 오케아노스의 뿌리에 자신들의 거처를 갖고 있다. 그리고 둔중하게 소리를 내며 대지를 뒤흔드는 자인 포세이돈은 잘생긴 브리아레오스를 사위로 삼기 위해 그에게 자신의 딸 키모폴레이아를 아내로 주었다.

5. 제우스와 튀포에우스의 싸움

제우스가 티탄 신족을 하늘로부터 추방한 이후에 거대한 대지는 황금빛 아프로디테의 소개로 타르타로스와 사랑을 하여 막내아들 튀포에우스[30]를 낳았다. 튀포에우스는 엄청난 일을 해낼 수 있는 팔을 지니고 있었으며 그 강력한 신의 발은 지칠 줄 몰랐다. 그의 어깨 위에는 검은 혀를 날름거리는 백 개의 뱀의 머리들, 즉 무시무시한 용의 머리들이 솟아나 있었다. 그리고 그 거대한 머리의 눈썹 아래에 있는 그의 눈에서는 불꽃이 튀어나왔으며, 따라서 그가 한번 쏘아볼 때마다 그의 머리에선 불꽃이 타올랐다. 또 그의 머릿속에는 온갖 소리들이 자리 잡고 있어 입으로 가지각색의 끔찍한 소리를 내보냈다. 어떤 때는 그 머리들은 신만이 이해할 것 같은 소리를, 또 어떤 때는 제압하기 어렵도록 날뛰는 황소의 소리를 냈으며, 또 다른 때는 그 무엇에도 물러서지 않는 사자처럼 우렁차게 포효하기도 했다. 그것들은 또한 듣기에 좋은 개 짖는 소리를 내기도 했으며, 어떤 때는 쉭쉭거리는 소리를 내어 거대한 숲이 그 소리에 공명하기도 했다.

---
30) 태풍의 신.

신들과 인간들의 아버지인 제우스가 신경을 곤두세워 경계를 하지 않았더라면 하마터면 언젠가 돌이킬 수 없는 사태가 발생했을 것이고, 이 튀포에우스는 신들과 인간들의 전제 군주가 되었을 것이다. 어느 날 튀포에우스는 격렬하게 그리고 힘차게 우레와 같은 소리를 내질렀다. 그러자 주변의 대지가 심하게 흔들렸으며, 대지 위의 넓은 하늘과 바다와 오케아노스의 물줄기들과 대지의 심연들도 함께 울렸다. 그 폭군이 걸으면 신들의 발아래에 있던 거대한 올림포스 산도 뿌리가 흔들렸고 대지는 신음을 내뱉었다. 그 맹수에게서 나오는 천둥소리와 번개와 불과 연기에 그을린 폭풍우 그리고 타오르는 불줄기 때문에 열풍이 검푸른 바다를 에워쌌다. 대지 전체와 하늘과 바다가 부글부글 끓어올랐다. 신들이 놀라 몰려든 해안 주변에 거대한 파도가 포말을 만들며 일어났고, 계속해서 지진이 발생했다. 그칠 줄 모르며 들려오는 굉음과 끔찍한 소동으로 죽은 자들의 지배자인 하데스조차도 몸을 부르르 떨었고, 크로노스 주변에 무리를 짓고 있던 타르타로스의 티탄 신들도 몸서리를 쳤다.

제우스는 그러나 올림포스 산에서 뛰어내리면서 모든 힘을 끌어모아 자신의 무기인 천둥과 번개와 연기 나는 벼락을 잡아 아래로 내던져서 무시무시한 괴물의 끔찍한 머리들을 모두 태워버렸다. 그런 다음 제우스가 튀포에우스에게 최후의 일격을 가하자, 튀포에우스는 무릎이 꺾어지면서 꼬꾸라졌고 그 충격으로 대지는 신음을 냈다. 번개를 맞고 내동댕이쳐져 어둡고 가파른 산의 계곡으로 떨어진 그 괴물에게서 화염이 치솟았다. 도처에서 거대한 대지가 엄청난 열을 발산하며 불타올랐으며, 대장장이들이 성능 좋은 풀무로 잘 달군 납처럼, 혹은 그 무엇보다도 단단한 철이 흙구덩이 속에서 타오르는 화염에 길들여지고, 성스러운 대지 아래에서 헤파이스토스의 기술에 누그러지는 것처럼 녹아 내렸다. 이처럼 대지는 타오르는 불길의 광선으로 녹아 내렸다. 그러나 분기탱천한 제우스는 튀포에우스를 드넓은 타르타로스에 내던졌다.[31]

그런데 이 튀포에우스에게서 노토스, 보레아스 그리고 하늘을 청소해 주는 제퓌로스 이외의 거칠고 음습한 바람들이 생겨났다. 노토스, 보레아스, 제퓌로스는 신의 핏줄을 이어받고 있으며[32] 인간들에게 유용한 것들을 많이 가져다준다. 그러나 튀포에우스에게서 생긴 다른 바람들은 닥치는 대로 파도 위를 날아다니고, 안개 낀 바다 위로 떨어지며, 해로

---

31) 제우스는 튀포에우스를 물리친 후 비로소 명실상부한 신들과 인간들의 왕이 된다.
32) 앞서 기술된 것처럼 이 바람의 신들은 새벽의 여신 에오스와 아스트라이오스 사이에서 태어났다.

운 돌풍을 일으키고 미쳐 날뛰며 인간들에게 불행을 가져온다. 이 바람들은 어떤 때는 이리로, 또 다른 때는 저리로 변덕스럽게 불어대면서 배들을 흩뿌리며 선원들을 죽음으로 내몬다. 또 이 바람들은 꽃이 만발한 끝없는 대지 위에서도 지상에서 태어난 인간들이 잘 가꾸어놓은 농토를 먼지와 회오리바람으로 뒤덮어 망쳐놓는다.

6. 제4세대 신들

(1) 제우스의 결혼

제우스와 메티스, 테미스, 에우뤼노메의 결혼

이제 성스러운 신들이 힘든 싸움을 끝마치고 티탄 신족과 싸워 권력을 빼앗았을 때, 그들은 가이아의 충고대로 선견지명이 있는 올륌포스의 제우스에게 신들의 왕과 지배자가 되어줄 것을 간청했다. 하지만 제우스는 모든 권한을 신들에게 적당히 골고루 나누어주었다.

신들의 왕인 제우스는 신들과 인간들 사이에서 가장 지혜로운 메티스[33)]를 첫 번째 아내로 맞이했다. 그러나 이 메티스가 눈이 빛나는 여신 아테나를 임신했을 때에, 제우스는 가이아와 별이 총총한 하늘의 충고대로 교활하게 달콤한 말로 메티스를 속여 자신의 몸속에 감추었다. 가이아와 하늘은 영원한 신들 중 제우스 이외의 어느 누구도 통치권을 넘겨받지 못하도록 하기 위해서는 이렇게 해야 한다고 제우스에게 충고했다. 메티스는 매우 현명한 자식들을 낳을 운명을 갖고 있었던 것이다. 메티스는 처음에는 용기와 현명함에서 아버지에 필적하는 딸인 눈이 빛나는 트리토게네이아[34]를 낳을 것이지만, 그 다음에는 신들과 거친 인간들의 아버지가 될 아들을 낳을 운명이었다. 하지만 그러기 전에 제우스는 그 여신이 좋은 일이든 나쁜 일이든 자신에게만 봉사하도록 하기 위해 메티스를 자신의 몸 안에 가두었다.

제우스는 두 번째 아내로 몸에서 광채가 나는 테미스를

----

33) '메티스'는 '지혜'를 뜻하며, 제우스가 메티스를 작게 만들어 집어삼켰다는 것은 이제 제우스가 지혜를 소유하게 되었다는 것을 뜻한다. 제우스와 테미스나 므네모쉬네와의 결혼도 마찬가지의 뜻을 함축하고 있다. 물론 제우스가 메티스를 먹은 것은 크로노스가 제우스의 형제자매들을 잡아먹은 것과 비견된다. 하지만 크로노스는 거칠고 서투르게 행동했다면 제우스는 지혜롭게 행동하여 후환을 남기지 않았다. 메티스를 첫 부인으로 맞이하면서 제우스는 이후 다른 여신들과 사랑을 하여 많은 자식들을 낳아 자신을 정점으로 한 신의 계보를 확립시키고 더 나아가 인간과 결혼하여 인간의 세계까지 자신의 가계를 넓혀 나간다.
34) 아테나의 다른 이름이다.

맞이했는데, 그녀는 유한한 인간의 행동을 감시하는 질서의 여신들인 에우노미아,[35] 디케[36] 그리고 화려한 에이레네[37]의 어머니였다.

그녀는 또한 충고하는 자인 제우스에 의해 최고의 명예를 부여받아, 유한한 인간에게 길흉을 나누어주는 모이라이 세 자매,[38] 즉 클로토, 라케시스, 아트로포스도 낳았다.

오케아노스의 딸로 외모가 아주 사랑스러운 에우뤼노메는 제우스에게서 뺨이 예쁜 세 명의 우미의 여신[39]인 아글라이아, 에우프로쉬네, 사랑스러운 탈리아를 낳았다. 눈꺼풀 아래에서 흘러나오는 그들의 시선은 다리의 힘을 마비시키는 매력이 흘러넘친다. 눈썹 아래에서 던지는 그들의 시선은 그처럼 아름다웠다.

---

35) 질서의 여신이다.
36) 정의의 여신이다.
37) 평화의 여신이다.
38) 운명의 여신들은 이 책의 앞에서는 밤의 자식으로 쓰여 있다. 그러나 여기서 운명의 여신들은 제우스의 자식으로 새롭게 편입되고 있다. 운명의 여신들이 제우스의 자식들이라는 사실은 제우스가 운명도 주관하고 있다는 것을 뜻한다.
39) 광채, 명랑, 축제의 기쁨이라는 뜻을 지닌 '카리테스'라고 하며 이 여신들의 눈초리는 우아함이 넘쳐흘렀고 동경을 불러일으켰다.

제우스와 다른 신들과의 결혼

그 다음에 제우스는 많은 사람들을 먹여 살리는 데메테르의 침실로 갔다. 데메테르는 제우스에게서 팔이 하얀 페르세포네를 낳았는데, 하데스는 그녀를 어머니에게서 유괴해 갔다. 하지만 충고하는 자 제우스는 그녀를 하데스에게 주도록 하였다.[40]

그 후 제우스는 아름다운 머리카락을 지닌 므네모쉬네를 사랑하였는데, 므네모쉬네는 제우스에게서 황금빛 머리띠를 두른 무사이 여신들을 낳았다. 그들은 모두 아홉이었으며, 축제와 노래로 다른 사람들을 기쁘게 하는 것을 좋아했다.

레토는 아이기스 방패를 지닌 제우스와 사랑으로 한 몸이 되어 아폴론[41]과 활을 쏘기를 좋아하는 아르테미스를 낳았는데, 이 자식들은 어떤 하늘의 신들보다도 사랑스러웠다.

마지막으로 제우스는 헤라를 화려한 신부로 선택했는데, 헤라는 신들 그리고 인간들의 왕과 사랑에 빠져 헤베[42]와 아레스[43]와 에일레이튀이아[44]를 낳았다.

제우스는 혼자서 자신의 머리에서 눈이 빛나는 아테나를

---

40) 제우스는 자신의 딸 페르세포네를 하계의 신인 하데스에게 줌으로써 간접적으로 하계도 지배한다.
41) 아폴론은 태양의 신이기도 했지만 예언, 의술, 음악의 신이기도 했다.
42) 청춘과 미의 여신이다.

낳았는데, 그녀는 전쟁을 자극하는 무서운 여장군이며 패배를 모르는 여장부였으며, 그녀는 전쟁의 혼란과 전쟁과 전투를 마음에 들어 했다.[45] 그러자 헤라는 화가 단단히 나서 남편 제우스와 말다툼을 한 뒤 자신도 제우스와 동침을 하지 않고 유명한 헤파이스토스를 낳았다. 이 아들은 손재주에 있어서는 하늘에 있는 모든 신들을 능가했다. 암피트리테[46]와 우레와 같은 소리를 내며 대지를 뒤흔드는 자에게서 아주 강력하고 거대한 트리톤이 출생하였는데, 그는 바다 깊은 곳을 다스리며 사랑스러운 어머니와 바다의 통치자인 아버지 곁의 황금 궁전에 거주하고 있는 아주 무서운 신이었다. 또한 퀴테레이아[47]는 방패도 일거에 쳐부수는 아레스에게서 포보스[48]와 데이모스[49]를 낳았는데, 이들은 피비린

---

43) 전쟁의 신으로 살육과 파괴 등을 관장했다. 아테나도 종종 전쟁의 신으로 일컬어지곤 하는데, 아테나 여신은 전쟁에 필요한 전략과 전술 등을 관장했다.
44) 해산의 여신. 헤라도 역시 해산의 여신이기도 하다.
45) 앞에서 아테나는 메티스의 딸로만 간단하게 소개되고 있지만 여기서는 여전사로 소개되고 있다. 실제로 그녀는 전쟁의 신으로도 불린다. 그러나 아레스가 명실 상부한 전쟁의 신으로 전쟁의 폭력적이고 부정적인 면들을 관할했다면, 아테나는 전략적 사고나 전술 등을 담당하였다. 아테나는 수공업의 신이기도 하지만 주로 지혜의 여신으로 불린다.
46) 앞서 언급한 네레우스의 50명의 딸인 네레이데스 중 하나다.
47) 아프로디테의 다른 이름이다.

내 나는 전투에서 도시를 파괴하는 자인 아레스와 함께 아무리 견고한 군사의 대열도 일격에 흩어버리는 신들이다. 계속해서 헤라는 용감한 카드모스[50]가 아내로 선택한 하르모니아를 낳았다.

제우스와 인간의 결합

아틀라스의 딸 마이아는 제우스와 성스러운 침대를 같이 쓰고 그에게 신들의 전령인 명예스러운 헤르메스를 낳아주었다.

카드모스의 딸 세멜레[51]는 제우스와 사랑하여 몸에서 광채가 나는 아들이자 항상 기쁨으로 충만한 디오뉘소스를 낳았다. 즉 유한한 인간이 신을 낳았는데, 물론 이 둘은 그 후 신이 된다.

------
48) 공포의 신이다.
49) 전율의 신이다.
50) 페니키아의 왕 아게노르의 아들이자 에우로페의 오빠이다. 제우스에 의해 납치당한 여동생을 찾아 그리스로 건너와서 테베를 건설한다.
51) 제우스의 사랑을 받던 세멜레는 자신의 어렸을 적 유모로 변신한 헤라의 간계로 제우스에게 천상의 모습을 보여달라는 약속을 받아낸다. 이미 스튁스 강에 대고 맹세한 제우스는 어쩔 수 없이 천상에서 입는 옷을 입고 세멜레의 집으로 찾아 오는데, 세멜레는 인간인지라 그 모습을 보고 그 광채에 불타 죽는다. 그러자 제우스는 세멜레의 몸속에서 자라고 있던 핏덩이 디오뉘소스를 자신의 허벅지를 가르고 넣어서 열 달 만에 꺼내 낳았다고 한다.

알크메네는 구름을 모으는 자인 제우스와 사랑하여 힘센 헤라클레스를 낳았다.

우미의 신들 중 막내로 귀엽고 통통한 아글라이아는 명예스러운 절름발이 신 헤파이스토스가 아내로 맞이했다.

금발의 고수머리를 지닌 디오뉘소스는 미노스의 딸로 귀엽고 통통한 갈색 눈의 아리아드네[52]를 아내로 맞이하였는데, 크로노스의 아들은 그녀에게 죽지 않고 늙지 않는 몸을 하사하였다.

발목이 예쁜 알크메네의 아들로 힘세고 싸움 잘하는 헤라클레스는 어려운 과업을 다 이겨낸 후 눈 덮인 올륌포스 산에서 위대한 제우스와 황금 신발을 신은 헤라의 딸인 헤베를 소중한 아내로 맞이하였다. 그는 신들을 위해 위대한 일[53]을 한 이후 죽어 하늘에 올라 날마다 아무런 걱정 없이 그리고 늙지도 않은 채 신들과 함께 살고 있다.

지칠 줄 모르는 헬리오스와 맺어진 명예스러운 오케아노

---

52) 아리아드네는 황소 미노타우로스를 죽이러 온 테세우스와 사랑에 빠져 미궁에서 빠져나올 수 있는 방법을 알려주고 그와 함께 배를 타고 그리스로 도망친다. 그러나 테세우스는 낙소스 섬에 그녀를 떼어놓고 도망간다. 그녀는 나중에 낙소스에 온 디오뉘소스에게 구출되어 그의 부인이 된다.
53) 헤시오도스는 이 책에서는 언급하고 있지 않지만 헤라클레스가 제우스를 도와 기간테스를 물리친 것을 암시한다.

스의 딸 페르세이스는 키르케와 아이에테스 왕을 낳았다. 사람들을 빛으로 행복하게 해주는 헬리오스의 아들인 아이에테스는 신들의 뜻대로 끝없는 오케아노스 강의 딸로 뺨이 예쁜 이뒤이아와 결혼을 했다. 이뒤이아는 황금빛 아프로디테에 의해 억지로 아이에테스와 사랑에 빠진 뒤 그에게서 발목이 예쁜 메데이아[54]를 낳았다.

자, 이제 올림포스의 신전에 거주하는 이들이여, 섬들이여, 대륙들이여 그리고 그 사이에 있는 바다여 만수무강하소서!

(2) 여신들과 인간들의 결합

자, 이제 달콤한 소리를 내는 올림포스의 무사이 여신들이여, 아이기스 방패를 지닌 제우스의 딸들이여, 유한한 인간들과 잠자리를 같이 해서 반신반인의 자식들을 낳은 여신들을 찬양하소서!

훌륭한 여신 데메테르는 부유한 나라 크레타의 세 번 쟁기질한 들판에서[55] 반신반인 이아시온[56]과 달콤한 사랑의

---

54) 마법사로 아버지 아이에테스의 나라에 있던 황금 양피를 이아손이 그리스로 가져가도록 도와준다. 하지만 그녀는 나중에 이아손의 버림을 받는다.

포옹을 한 끝에, 대지와 바다의 뒷면을 어디든 두루 돌아다
니는 고귀한 플루토스[57]를 낳았다. 그는 자신을 만나 애원
하는 사람을 부유하게 만들어주고, 그에게 복을 듬뿍 선물
한다.

황금빛 아프로디테의 딸 하르모니아는 카드모스에게서[58]
이노, 세멜레 그리고 뺨이 예쁜 아가우에[59] 그리고 고수머
리의 아리스타이오스[60]가 아내로 맞이한 아우토노에,[61] 거
기에다 톱니바퀴 모양의 성벽으로 둘러싸인 테베의 폴뤼도

■■■■■■■■
55) 그 당시 그리스의 들판은, 씨뿌리기 전에 초봄과 여름 그리고 씨뿌리
기 직전 가을에 각각 한 번씩, 일 년에 총 세 번 쟁기로 갈았다.
56) 제우스와 아틀라스의 딸인 엘렉트라 사이에서 태어난 아들. 그의 준
수한 용모에 반한 데메테르의 사랑을 받아 플루토를 낳는데 그 즉시
이아시온은 신으로 받아들여졌다.
57) 부의 신이다.
58) 카드모스와 하르모니아의 결혼식에는 모든 신들이 참석했는데, 특히
헤파이스토스는 그녀에게 눈이 부시도록 아름다운 목걸이를 선물한다.
59) 아가우에의 아들 펜테우스는 디오뉘소스 신을 경멸한 죄로 디오뉘소
스 축제 때 자신의 이모인 이노와 아우토노에와 어머니 아가우에에
의해 몸이 갈기갈기 찢겨 죽는다.
60) 아폴론과 퀴레네의 아들로 꿀벌치기의 시조. 갓 결혼하여 친구들과
놀던 에우뤼디케는 자신에게 반한 아리스타이오스에게 쫓기다가 풀섶
에 숨어 있던 뱀에 물려 죽게 된다.
61) 네레우스의 50명의 딸 중에도 아우토노에가 있지만 그녀는 동명이인
이다. 아우토노에의 아들 악타이온은 사냥하다가 우연히 아르테미스
가 목욕하는 장면을 훔쳐본 죄로 사슴으로 변하여 자신의 사냥개에게
갈기갈기 찢겨 죽는다.

로스[62]를 낳았다.

오케아노스의 딸 칼리로에는 황금빛 아프로디테의 주선으로 고집 센 크뤼사오르와 사랑으로 한 몸이 되어 유한한 생명을 지닌 모든 것들 중에서 가장 힘이 센 게뤼오네우스라는 아들을 낳았다. 그런데 힘센 헤라클레스는 주변에서 심한 파도가 이는 에뤼테이아 섬에서 발을 질질 끄는 소들을 데려가려고 이 게뤼오네우스를 죽였다.

티토노스[63]에게서 에오스는 청동 무기로 무장한 이디오피아의 지배자 멤논[64]과 에마티온[65] 왕을 낳아주었다. 그녀는 또한 케팔로스[66]에게 몸에서 빛을 발하며 신들과 유사한 아들인 힘센 파에톤[67]을 선사하였다. 그런데 인자하게 미소를

----
62) 테베의 왕이자 오이디푸스의 아버지인 라이오스의 할아버지. 라이오스의 아버지 랍다코스를 낳는다.
63) 트로이 인으로 프리아모스 왕의 형제. 너무 곱상하게 생겨서 에오스에 의해 납치당한다. 인간이었기 때문에 죽을 수밖에 없었지만 에오스가 제우스에 간청하여 불사의 몸을 얻는다. 그러나 그건 에오스의 실수였다. 에오스는 제우스에게 티토노스를 위해 불사의 몸과 더불어 불로의 몸을 간청하지 않았기 때문이다. 그리하여 티토노스는 결국 나이가 들어 추하게 변했으며 몸에서는 역한 냄새가 나 에오스의 버림을 받는다.
64) 트로이 전쟁이 일어나자 멤논은 트로이를 돕기 위해 군사들을 이끌고 트로이에 달려와 아킬레우스와 싸우다가 전사한다.
65) 멤논의 동생.
66) 헤르메스의 아들로 그도 또한 티토노스처럼 에오스에 의해 납치당한다.

짓는 아프로디테는 파에톤이 얼굴에 꽃이 피는 한창 젊을 때에 그 생기발랄한 소년을 잡아와서 밤에 자신의 성스러운 사원을 지키는 멋진 반신반인으로 만들어주었다.

아이손의 아들 이아손은, 대단하지만 거만한 왕이자 거칠고 폭력적인 범죄자인 펠리아스가 그에게 부과한 많은 힘든 일들을 끝마친 후에, 영원한 신들의 뜻에 따라 제우스의 보호를 받고 있던 아이에테스 왕의 딸 메데이아를 유괴했다. 이아손의 아들은 모든 싸움을 이기고 많은 고초를 겪은 이후에 이올코스로 되돌아오는데, 눈이 초롱초롱한 아리따운 그 소녀를 빠른 배로 납치해서 아내로 맞이한다.[68] 이 메데이아는 국민들의 지도자인 이아손에게 어쩔 수 없이 메데이오스라는 아들을 낳아주는데, 그를 필뤼라스의 아들 케이론[69]이 숲 속에서 교육시킨다. 그래서 위대한 제우스의 뜻이

■■■■■■■■■
[67] 원래 헬리오스의 아들이지만 여기서는 그와 동명이인이다. 헬리오스의 아들 파에톤은 아버지의 태양마차를 몰다 궤도를 이탈하는 실수를 저질러 제우스의 번개에 맞아 죽는다.
[68] 일설에 의하면 메데이아는 납치된 것이 아니라 아르고 호를 타고 황금 양피를 찾으러 온 이아손과 사랑에 빠져 그를 도와 아버지의 나라에 있는 황금 양피를 훔쳐 도망갔다고 한다. 이처럼 이아손이 황금 양피를 가져와야 했던 것은 아이손의 권력을 불법적으로 이양받은 아버지와 부친이 다른 형제 펠리아스가 사촌 이아손을 없애기 위해 그에게 국민들의 여망인 황금 양피를 가져오도록 했기 때문이다.
[69] 반인반마의 켄타우로스 족. 케이론은 성품이 온화하고 영리하고 현명했다. 그래서 이아손과 헤라클레스, 아리스타이오스 등 많은 영웅

실현되었다.

바다의 노파인 네레우스의 딸들 중에서 멋진 여진 프사마테[70]는 황금빛을 발산하는 아프로디테의 힘에 의해 아이아코스와 사랑에 빠져 포코스를 낳았다. 그러나 은으로 된 신발을 신고 다니는 테티스는 펠레우스[71]와의 사이에서 어쩔 수 없이 사자처럼 용감한 아킬레우스를 낳는데, 그는 군사들의 대열을 단번에 돌파해 버린다.

그러나 아름다운 관을 쓰고 있는 퀴테라의 여신 아프로디테는 영웅 앙키세스[72]와 계곡이 많고 바람이 많은 이다 산[73] 위에서 열광적인 사랑에 빠져 아이네이아스를 낳았다.

들이 그의 교육을 받았다. 하지만 헤라클레스에 의해 죽는 네소스는 같은 켄타우로스 족이었지만 성격이 포악한 괴물이었다.
70) 모래 소녀라는 뜻이다.
71) 테살리아 지방의 프티아의 왕이며 영웅 아킬레우스의 아버지다. 펠레우스와 테티스의 결혼식에 초대받지 못한 불화의 여신 에리스가 앙심을 품고 '가장 아름다운 여신에게'라고 쓰인 황금 사과를 결혼식장에 떨어뜨린다. 그러자 헤라, 아프로디테, 아테나 여신이 서로 그 사과가 자기 것이라고 옥신각신하다가, 신분을 감추고 이다 산에서 목동 생활을 하고 있던 트로이의 왕자 파리스에 의해 아프로디테의 것으로 최종 판결이 난다. 바로 이것이 '파리스의 심판'인데 이것을 기화로 트로이 전쟁이 일어나며 아킬레우스는 트로이 전쟁에서 전사한다.
72) 트로이의 왕이었던 프리아모스의 친척이다. 아프로디테와의 사이에서 태어난 그의 아들 아이네이아스는 트로이가 몰락하자 트로이의 유민을 이끌고 이탈리아를 건설한다.
73) 트로이 근처의 산이다.

휘페리온의 아들인 헬리오스의 딸 키르케는 인내심 강한 전사 오뒤세우스와 동침하여 아그리오스와 멋지고 강한 라티노스를 낳았다. 그녀는 또한 황금빛 아프로디테의 강압으로 텔레고노스도 낳았다. 이들은 아주 멀리 떨어진 성스러운 섬에 살면서 그 유명한 에투루리아 인들[74]을 다스린다.

빼어나게 아름다운 여신 칼륍소[75]는 오뒤세우스와 열광적인 사랑에 빠져 나우시토오스와 나우시노오스를 낳았다.

이들이 바로 유한한 인간들과 동침을 해서 신과 같은 자식들을 낳은 불멸의 여신들이다.

자, 사랑스럽게 노래 부르는 올륌포스의 무사이 여신들이여, 아이기스 방패를 지니고 있는 제우스의 딸들이여, 이제 유한한 생명을 지닌 여인들을 찬양하소서![76]

---

74) 에게 해 북쪽의 민족이다.
75) 오뒤세우스는 총 10년 간의 모험 기간 중 7년을 칼륍소와 오귀기에라는 섬에서 보냈다.
76) 이 마지막 부분은 다른 주제로 넘어가는 서언 역할을 한다. 이것을 보면 헤시오도스가 신들과 인간의 여인이 결합하여 태어난 자식들에 관한 책을 썼을 것이라는 것을 예측할 수 있다. 이 책은 「여인들의 목록」이라는 제목으로 그 일부가 전해지고 있다.

태초의 신들과 그들의 자식들

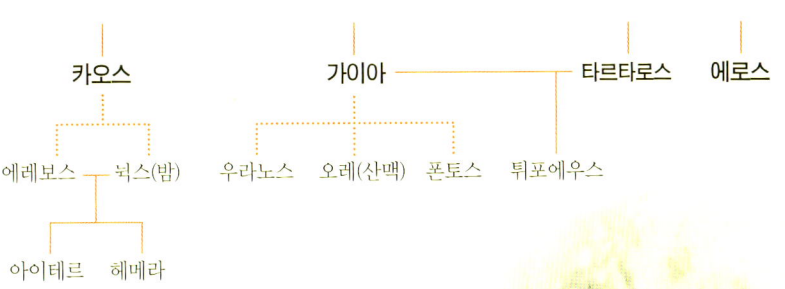

| 점선은 배우자가 없는 혈연 관계를 나타낸다.

가이아와 우라노스의 자식들

```
가이아
├── 티탄 12신
├── 퀴클롭스
└── 헤가톤케이레스
```

티탄 12신
오케아노스
코이오스
크레이오스
휘페리온
이아페토스
테이아
레아
테미스
므네모쉬네
포이베
테튀스
크로노스

퀴클롭스
브론테스(천둥)
스테로페스(번개)
아르게스(벼락)

헤가톤케이레스
코토스
브리아레오스
귀게스

| 우라노스를 거세하는 크로노스

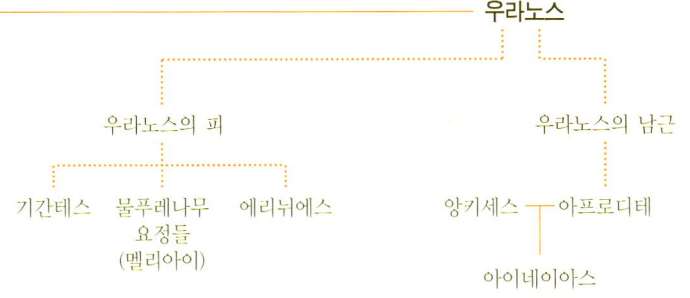

우라노스
― 우라노스의 피
기간테스   물푸레나무   에리뉘에스
         요정들
         (멜리아이)

― 우라노스의 남근
앙키세스 ― 아프로디테
    아이네이아스

| 기간테스를 제압하는 아테나

| 아프로디테의 탄생

크로노스와 레아의 자식들

크로노스 ──────── 레아

(시계 방향으로) | 크로노스에게 강보로 싸인 돌을 건네는 레아
| 헤스티아와 데메테르 | 헤라 | 포세이돈 | 제우스

- 헤스티아
- 데메테르
- 헤라
- 하데스
- 포세이돈
- 제우스

제우스의 자식들

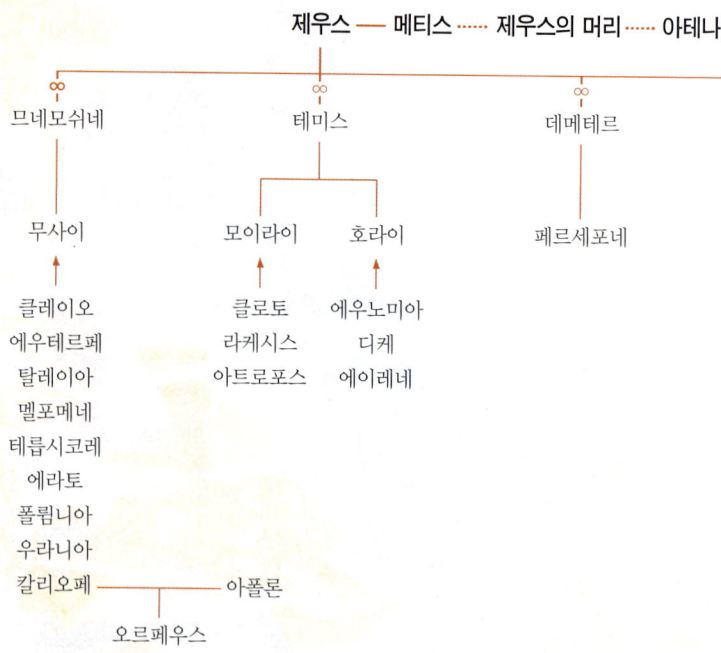

```
                    제우스 ── 메티스 ⋯⋯ 제우스의 머리 ⋯⋯ 아테나
         ∞              ∞                        ∞
      므네모쉬네        테미스                   데메테르
         │           ┌───┴───┐                     │
       무사이       모이라이  호라이              페르세포네

      클레이오      클로토    에우노미아
     에우테르페    라케시스     디케
      탈레이아    아트로포스   에이레네
       멜포메네
      테릅시코레
        에라토
       폴륌니아
       우라니아
       칼리오페 ───┐
              └── 아폴론
          오르페우스
```

| 파르나소스 산의 아폴론과 아홉 명의 무사이

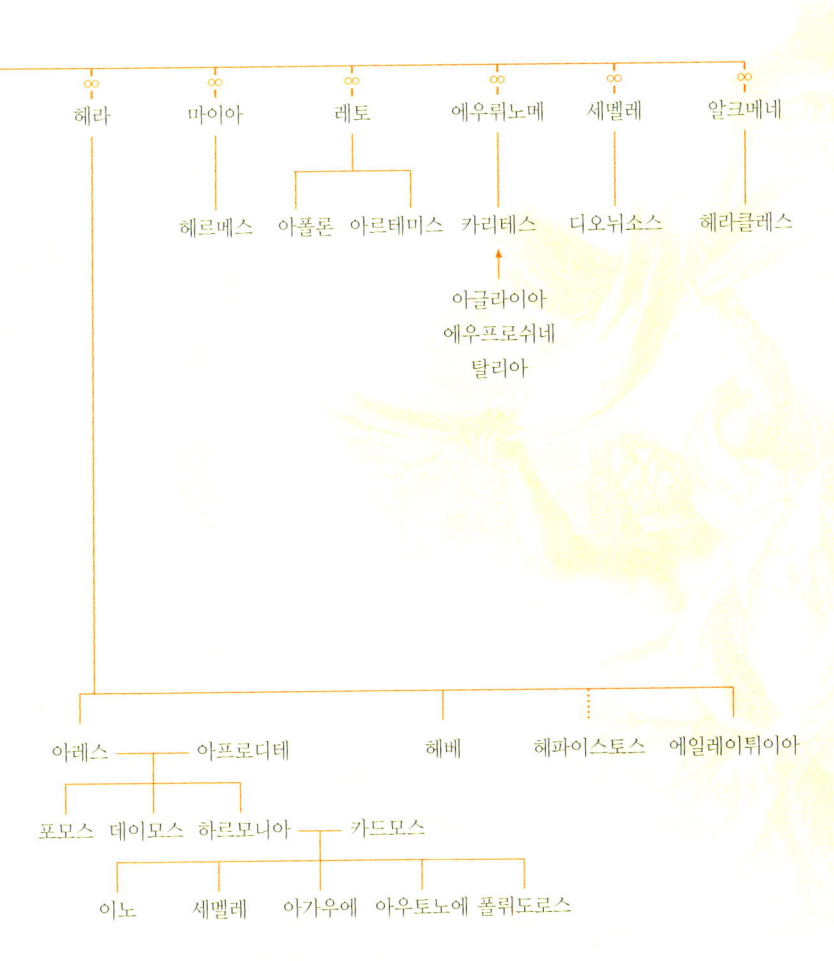

코이오스와 포이베의 자손들

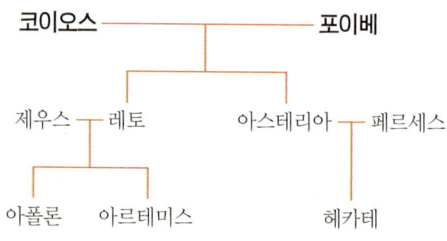

| 제우스, 레토, 아폴론, 아르테미스

| 니오베의 자식들을 활로 쏘아 죽이는 아폴론과 아르테미스

밤의 자손들

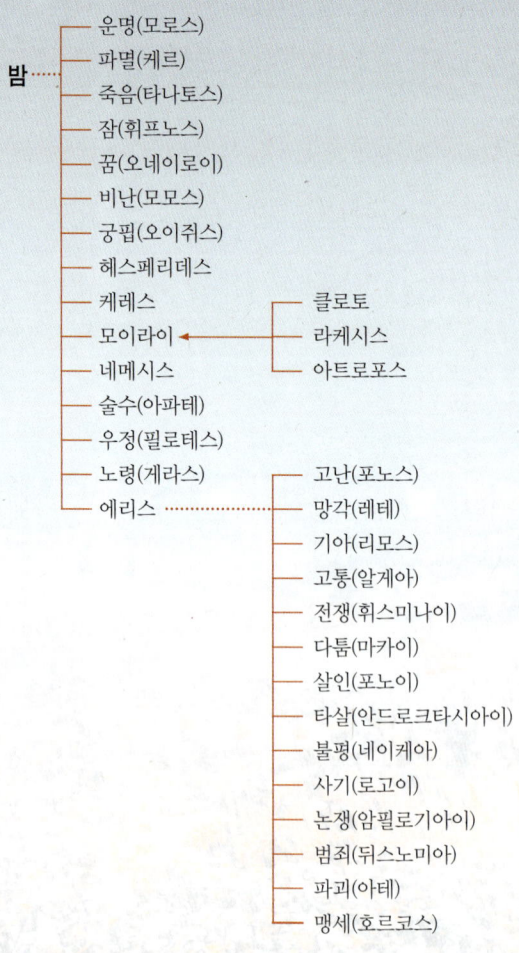

- 밤
  - 운명(모로스)
  - 파멸(케르)
  - 죽음(타나토스)
  - 잠(휘프노스)
  - 꿈(오네이로이)
  - 비난(모모스)
  - 궁핍(오이쥐스)
  - 헤스페리데스
  - 케레스
  - 모이라이
    - 클로토
    - 라케시스
    - 아트로포스
  - 네메시스
  - 술수(아파테)
  - 우정(필로테스)
  - 노령(게라스)
  - 에리스
    - 고난(포노스)
    - 망각(레테)
    - 기아(리모스)
    - 고통(알게아)
    - 전쟁(휘스미나이)
    - 다툼(마카이)
    - 살인(포노이)
    - 타살(안드로크타시아이)
    - 불평(네이케아)
    - 사기(로고이)
    - 논쟁(암필로기아이)
    - 범죄(뒤스노미아)
    - 파괴(아테)
    - 맹세(호르코스)

휘페리온과 테이아의 자손들

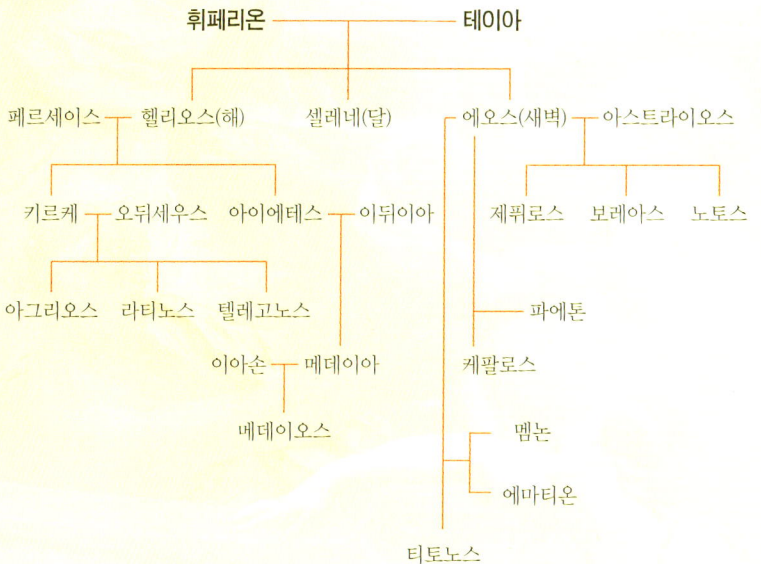

이아페토스와 클뤼메네의 자손들

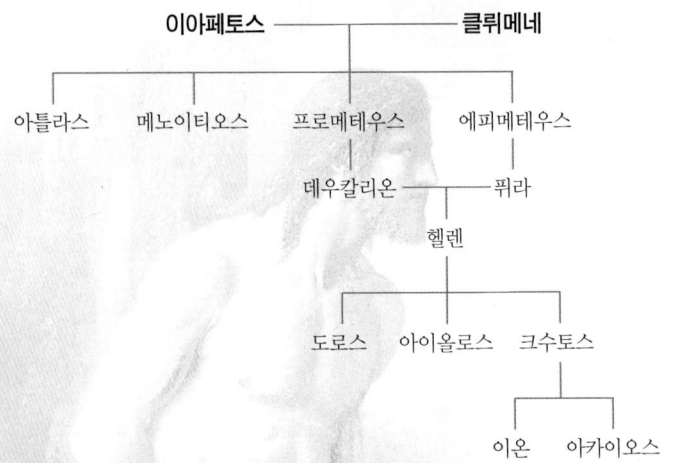

```
          이아페토스 ──────┬────── 클뤼메네
    ┌─────────┬──────────┼──────────┐
  아틀라스  메노이티오스  프로메테우스  에피메테우스
                     │              │
                   데우칼리온 ────── 퓌라
                              │
                             헬렌
                   ┌──────────┼──────────┐
                 도로스    아이올로스    크수토스
                                     ┌────┴────┐
                                    이온    아카이오스
```

폰토스의 자손들

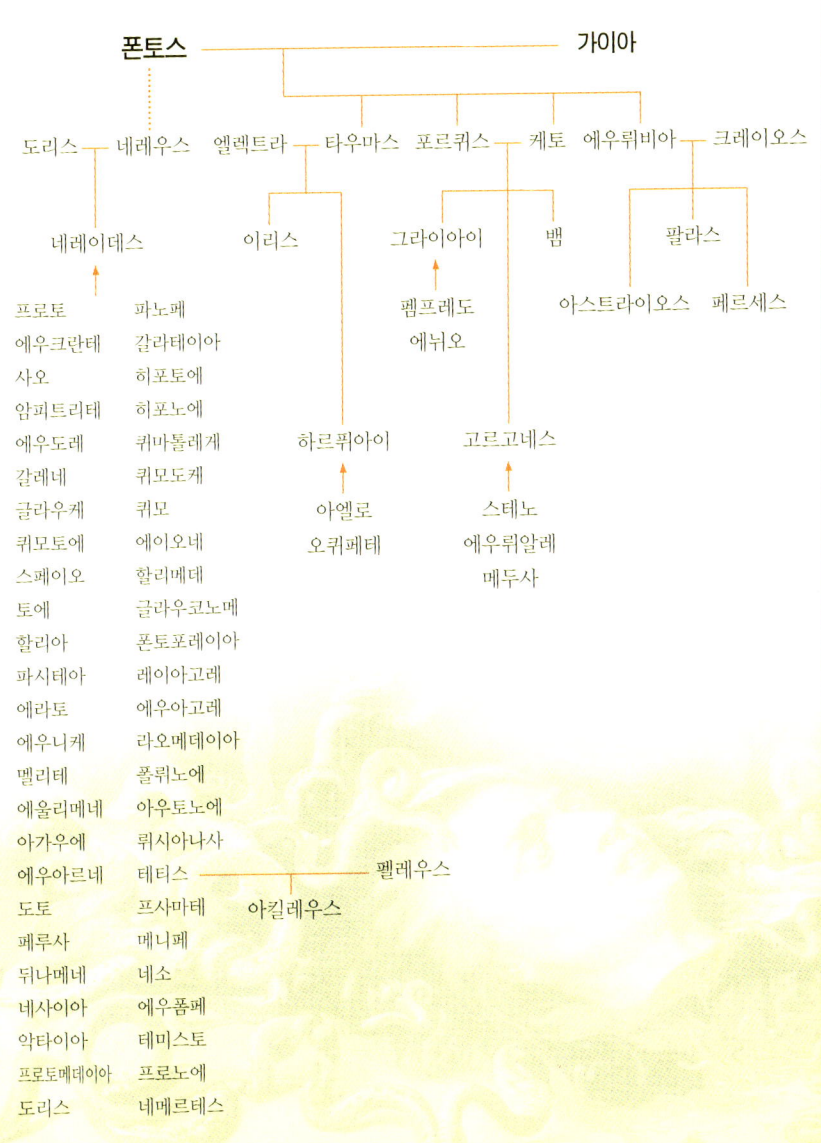

오케아노스와 테튀스의 자식들

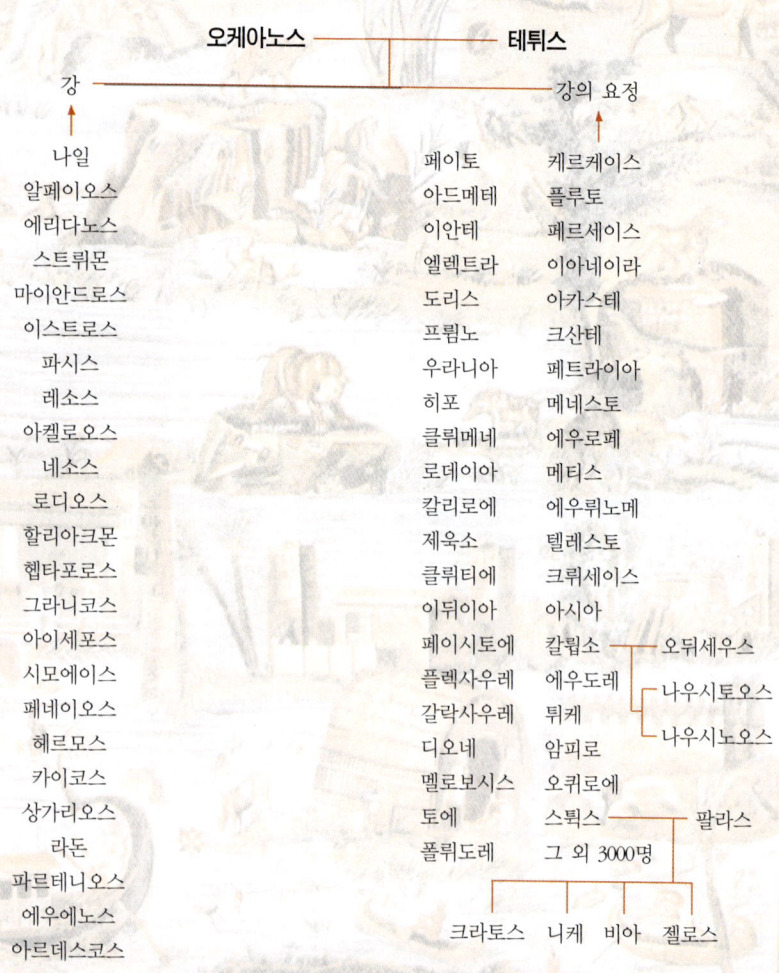

괴물들

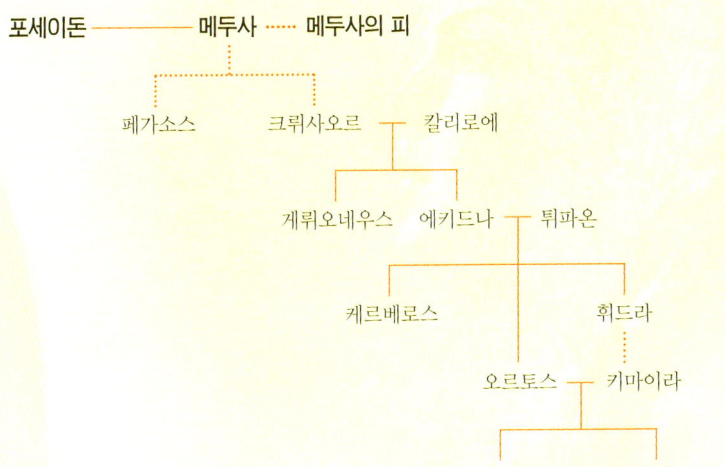

세상의 창조와 올림포스의 신들

노동과 나날

서사
무사이 여신들에 대한 찬가

노래로 축복을 내려주시는 무사이 여신들이시여, 피에리아로부터 어서 오셔서 당신들의 아버지 제우스 신을 찬양하소서. 제우스 신에 의해 유한한 인간은 무명으로 살기도 하고 이름이 나기도 하며, 고귀한 제우스 신의 뜻에 따라 인간은 명망을 얻기도 하고 잃기도 합니다. 제우스 신은 아주 쉽게 약한 자를 강하게 만드시기도 하시지만, 강한 자를 약하게 만드시기도 하십니다. 또한 제우스 신은 아주 쉽게 비범한 자를 범상하게 만드시고, 비천한 자를 고상하게 만드시며, 부정직한 자를 정직하게 만드십니다. 또한 가장 높은 집에 거하시며 아주 큰 소리로 천둥을 치시는 제우스 신은 완고한 자를 수그러들게 만들기도 하십니다.

우리의 주인이신 제우스 신이여, 제 청을 한 번 들어주셔서, 이쪽을 보시고 제 말을 경청해 주시고 재판에서[1] 올바른 판결을 내려주소서!

---

1) 형제 페르세스와의 상속을 놓고 벌인 재판을 의미한다.

제1부
인류의 고통의 생성 원인과 대처 방안

1. 선한 에리스와 악한 에리스

페르세스야,[1] 나는 우선 너에게 소중한 진실 하나를 말하

---

[1] 헤시오도스의 형제이다. 그는 재판을 통해 아버지의 유산을 이미 헤시오도스와 함께 나누어 가졌으나, 재산을 탕진한 후 재판관들을 매수하여 새로운 재판을 통해 헤시오도스의 재산을 빼앗으려 한다. 따라서 헤시오도스는 이런 페르세스의 부당한 마음을 돌려 새로운 재판을 피하려 한다. 이 작품의 배경에는 우선 이런 헤시오도스의 슬픈 가족사가 자리 잡고 있다. 하지만 이 작품은 단지 헤시오도스의 개인사로만 설명될 수 없는 보편적인 내용을 담고 있다. 이 작품은 헤시오도스가 「신통기」를 통해 세계 창조와 신들의 본질에 대해 다룬 이후, 이제 지상에서의 올바른 인간의 삶에 대한 성찰의 필요성을 느껴 집필한 것이기 때문이다. 따라서 이 작품은 계속해서 페르세스의 이름을 부르며 지상에서의 참다운 인간의 도리를 설파하는 형식으로 되어 있

고 싶다. 그것은 지금까지 이 세상에는 단지 한 종류의 에리스[2]만 있었던 것이 아니라, 두 종류의 에리스가 있었다는 것이다. 하나는 그것의 진정한 의미를 알아보는 사람이 있다면 칭찬을 아끼지 않겠지만, 다른 하나는 비난받아 마땅하다. 그 둘은 성격이 서로 완전히 다르기 때문이다. 하나는 사악한 전쟁과 불화를 조장하는 해롭고 위험한 에리스다. 죽어 사라질 어떤 것들도 이 에리스를 좋아하지 않는다. 다만 불가피한 경우에만 신의 뜻에 따라 사람들은 남을 괴롭히는 이런 에리스를 존경할 뿐이다. 그런데 다른 하나는 어두운 밤의 자식으로, 드높은 천공에 살면서 만물을 다스리고 있는 크로노스의 아들이 땅속 깊숙이 숨겨놓고 계시다가 인간에게 좀더 많은 축복을 내려주시기 위해 만들어내신 선한 에리스다. 어떤 사람이 태만하면, 이 에리스는 일

■■■■■■■

지만, 이것은 헤시오도스의 형제인 페르세스뿐 아니라 헤시오도스가 살던 시대의 모든 사람들에게 공통적으로 적용되는 것이다.
헤시오도스와 페르세스 중 누가 형인지에 대해서는 아직까지 정확한 기록이 없다. 혹자는 페르세스가 형이라고, 또 혹자는 헤시오도스가 형이라고 하지만 불확실한 추정일 뿐이다.
2) 불화의 여신이다. 헤시오도스는 이 불화의 여신을 「신통기」에서와는 달리 선한 에리스와 사악한 에리스 등 두 종류로 나누어 그 특징을 설명하면서, 인간이 단순히 분쟁만 일으키는 사악한 에리스가 아니라 선의의 경쟁심을 불러일으키는 선한 에리스를 좇아 부와 행복을 얻을 것을 권유하고 있다.

을 하도록 그를 부추긴다. 게으름뱅이는 자신의 부자 이웃이 부지런히 땅을 파고 씨앗을 뿌리고 자신의 가사에 힘쓰는 것을 보면, 행복을 누리기 위해 노심초사하는 그 이웃을 본받으려고 애를 쓴다. 이처럼 다른 사람들에 대해 갖는 경쟁심은 유익하다. 그래서 도공은 다른 도공을, 목수는 다른 목수를 질투하고, 거지는 다른 거지를, 가수는 다른 가수를 시기하는 것이다.

그러니 페르세스야, 너는 이것을 마음에 새겨서 악한 것을 좋아하는 에리스의 꼬임에 빠져 일은 하지 않은 채 싸움이나 구경하고 법정의 논쟁에 귀 기울여서는 안 된다. 대지가 맺어주는 데메테르의 익은 곡식[3]을 충분하게 집에 비축해 두고 있지 못한 사람은 싸움이나 법정의 논쟁 따위에 허비할 시간이 별로 없기 때문이다. 네가 먹을 곡식을 곳간에 충분히 비축하고 있다면 아마 남의 재산을 빼앗기 위해 분쟁을 일으킬 여유가 있을지 모른다. 하지만 그래도 너는 소기의 목적을 달성하지 못할 것이다. 정말 아니다. 그러니 우리 즉시 분쟁을 그치고 완벽하고 정의로운 판결을 내리시는 제우스 신의 중재를 받도록 하자. 우리는 오래전에 이미 우리의 유산을 분배했었다. 그때 너는 나보다 더 많은 몫을 가로

---

3) 데메테르는 대지의 곡식을 주관하는 여신이다.

채 가져갔고, 그중 대부분을 이 분쟁을 판결했던 뇌물을 좋아하는 왕들[4]에게 바쳤다. 하지만 그들은 절반이 전부보다 얼마나 많은지도 모르고, 당(唐)아욱이나 수선화[5]에 얼마나 많은 유용한 것이 들어 있는지조차도 모르는 바보들이다.

2. 프로메테우스와 판도라

신들은 인간들이 먹을 것을 숨겨놓고 계신다. 그렇지 않다면 너는 쉽게 하루 만에 일 년을 먹어도 충분한 만큼의 많은 식량을 얻을 수 있을 것이고 빈둥빈둥 세월을 보내도 될 것이다. 그렇지 않다면 너는 또한 배의 노를 굴뚝 위로 치워버려도 될 것이고, 소들이나 억센 노새를 부리지 않아도 될 것이다. 그러나 제우스 신은 인간에게 너무 화가 난 나머지 일용할 양식을 숨겨놓으셨다. 교활한 프로메테우스가 자신을 속였기 때문이다. 그래서 제우스 신은 인간들에게 슬픈 불행을 안겨줄 요량으로 불을 숨겨놓으셨던 것이

---

4) 「신통기」에서 왕들은 제우스에 의해 점지되어 제우스의 뜻을 대변한다. 하지만 여기서의 왕들은 뇌물을 좋아하여 매수하기 쉬운 존재로 묘사되고 있다.
5) 이 야생초의 뿌리에 많은 영양분이 있어 가난한 사람들이 그걸 먹고 연명했다고 한다.

다. 그런데 바로 이 불을 충고하는 자인 제우스 신에게서 약삭빠른 이아페토스의 아들[6]이 속이 빈 회향목 줄기에 넣어 몰래 훔쳐왔다. 제우스 신이 그것을 알아차리지 못하실 리가 없었다. 구름을 모으는 자인 제우스 신은 그 도둑에게 다음과 같이 말씀하셨다. "그 누구보다도 영리한 이아페토스의 아들이여, 너는 나의 불을 훔쳐 나의 뜻을 거역하고도 기뻐하고 있구나. 그러나 그 불은 너 자신이나 이후에 태어나게 될 인간에게 큰 고통이 되리라. 인간들 모두가 불을 얻어 기쁨에 겨워 하겠지만, 나는 그 불에 대한 대가로 인간들에게 평생 불행을 껴안고 살아가게 만들 재앙을 내릴 것이기 때문이노라."

신들과 인간들의 아버지인 제우스 신은 이렇게 말씀하시며 큰 소리로 웃으셨다. 그리고는 재빨리 손재주가 뛰어난 헤파이스토스에게 흙과 물을 섞어 인간의 형태를 만들어 그 안에 목소리와 생명을 불어넣도록, 그리고 얼굴에는 불멸의 여신들처럼 아름답고 귀엽고 매력적인 여자의 모습을 만들어 넣도록 명령하셨다. 더 나아가 그는 아테나에게 명령하시어 자수 놓는 기술과 미세한 직물을 짜는 기술을 그녀에게 가르쳐주라고 하셨고, 황금빛이 나는 아프로디테에게는

---

[6] 프로메테우스를 말한다. 이아페토스의 아들은 프로메테우스, 에피메테우스, 아틀라스 그리고 메노이티오스 등 4형제였다.

그녀의 머리에 매력뿐 아니라, 고통에 찬 동경과 남자들의 팔다리의 힘을 빠지게 하는 비탄을 불어넣으라고 명령하셨다. 그는 또한 아르고스를 죽인 전령 헤르메스[7]에게는 음란한 마음과 교활한 성격을 심어주라고 명령하셨다.

그렇게 제우스 신이 명령하시자, 신들은 자신들의 지배자이자 크로노스의 아들인 그의 말에 복종했다. 그래서 유명한 절름발이 신 헤파이스토스는 즉시 크로노스의 아들의 뜻대로 진흙으로 수줍음을 잘 타는 소녀의 상을 하나 만들었다. 그리고 눈이 빛나는 여신 아테나는 그녀에게 허리띠를 만들어주고 화장을 시켜주었으며, 우미의 여신들과 페이토 여신[8]은 그녀에게 금목걸이를 걸어주었고, 아름다운 고수머리를 지닌 계절의 여신들은 그녀에게 봄꽃으로 화환을 만들어주었다. 그리고 몸의 모든 패물은 팔라스 아테나가 만들어 장식해 주었다. 그리고 아르고스를 죽인 신들의 전령 헤르메스는 웅장하게 천둥치는 제우스 신의 뜻대로 그녀의 가

---

7) 이오와 사랑을 나누던 제우스는 헤라가 나타나자 이오를 암소로 변신시킨다. 이를 수상쩍게 여긴 헤라는 제우스를 졸라 암소를 선물로 받아내 얼굴에 눈이 백 개나 달려 졸지도 자지도 않는 괴물 아르고스에게 감시하게 한다. 제우스는 이것을 안타깝게 여겨 전령 헤르메스를 보내 괴물 아르고스를 재미있는 이야기로 잠자게 만든 뒤 죽이게 한다.
8) 오케아노스와 테튀스의 딸들 중 하나로 설득의 여신.

가슴속에 기만과 사기와 아첨과 교활한 심성을 불어넣어 주었다. 신들의 전령은 그녀에게 또한 말하는 능력을 선사하고 그녀를 판도라[9]라고 이름 지었다. 올림포스에 사는 모든 신들이 열심히 일하는 남자들에게 고통이 될 만한 것들을 그녀에게 한 가지씩 선물로 주었기 때문이다.

그리고 마침내 누구도 당해 낼 재간이 없는 완벽한 속임수가 마련된 후에 아버지 제우스 신은 아르고스를 죽인 것으로 유명한 발 빠른 전령 신을 보내 그 선물을 에피메테우스에게 주었다. 그러나 에피메테우스는 인간에게 화가 미치지 않도록 올림포스의 제우스가 선물을 주거든 받지 말고 돌려주라는 프로메테우스의 충고를 생각하지 않고 그 선물을 덥석 받았다. 그러나 에피메테우스는 그 선물을 처음 받았을 당시에는 불행을 알아차리지 못했다.

이 일이 있기 전에는 지상의 인간 종족들은 자신들에게 죽음을 재촉하는 불행이나 힘든 일 그리고 심한 고통을 모른 채 아주 오랫동안 살았다. 고생하며 사는 사람은 더 빨리 늙기 때문이다. 그러나 그 여인이 항아리에 덮여 있는 단단한 뚜껑을 손으로 열고 그 안에 있는 모든 것을 밖으로 끄집어내어 인류에게 극심한 고통을 만들어주었던 것이

---

9) '모든 것을 선물받은 자'라는 뜻이다.

다.[10] 그런데 유일하게 희망만은 항아리의 가장자리 아래 붙은 채 그 누구도 깨뜨려 열 수 없는 뚜껑 안에 남아 밖으로 튀어나오지 않았다. 그러기 전에 구름을 모으는 자이자 아이기스 방패를 지니고 다니는 자의 뜻대로 판도라가 놀라 항아리의 뚜껑을 놓았기 때문이다. 그러나 다른 모든 헤아릴 수 없이 많은 해로운 불행들은 인간들 사이를 휘젓고 돌아다녔다. 따라서 지상 바다 할 것 없이 고통으로 휩싸이게 되었으며, 병마가 어떤 사람에게는 낮에, 다른 사람에게는

---

10) 소위 '판도라의 상자'라고 알려진 이야기와 관련해서 몇 가지 의문이 생길 수 있다. 첫째, 과연 판도라가 뚜껑을 연 것이 상자인가 아니면 항아리인가 하는 것인데, 이 점은 본문의 내용대로라면 알려진 바 대로 상자가 아니라 흙으로 만든 단단한 항아리였을 것이라는 것이 더 일리가 있다. 둘째 판도라가 최초의 여자라면 그 전의 인류는 무성생식을 했을 것인데 거기에 대한 언급이 없다는 것이다. 단지 헤시오도스는 판도라가 사악한 성격을 지닌 최초의 여자라는 사실만 이야기하고 있다. 셋째, 판도라 자체가 악이었고 인간에게 불행을 주기 위해 만들었다면 굳이 항아리가 필요했을까 하는 것이다. 넷째, 항아리는 과연 어디에 있었는가 하는 것이다. 제우스가 보낸 것인가, 아니면 생물체를 만들고 그들에게 속성을 부여하던 에피메테우스와 프로메테우스가 사악한 속성들을 단단한 항아리에 넣어 보관하고 있었던 것인가? 헤시오도스는 여기에 대해 아무 말도 하지 않고 있지만 호메로스에 의하면 제우스는 하늘에 사악한 것과 좋은 것을 각각 갈라 넣은 두 개의 항아리를 갖고 있었는데, 그 중 하나를 판도라에게 주어 보냈다고 적고 있다. 마지막으로, 어떻게 희망이 사악한 것들과 함께 섞여 있을 수 있는가 하는 것이다. 희망이 나쁜 결과를 초래할 수는 있을지 몰라도 사악한 것에 속한다는 것은 납득이 가지 않는다.

밤에 마음 내키는 대로 갑자기 찾아다니며, 소리 소문 없이 인간들에게 많은 고통을 가져다주었다. 모든 것을 계획하는 자인 제우스 신이 인간들에게서 목소리를 거두어가셨기 때문이다. 그래서 제우스 신의 이런 결정을 피하는 것은 전혀 불가능했던 것이다.

3. 인류의 다섯 시대

너만 괜찮다면 나는 너에게 또 하나의 이야기를 아주 자세하게 들려주고 싶다. 우선 너는 신과 인간은 원래 뿌리가 하나임을 명심해라.

맨 먼저 올림포스에 거하고 있는 신들은 말하는 인간 종족을 황금의 종족으로 창조하셨다. 이 인간들은 하늘에서 왕으로 군림했던 크로노스의 지배하에 살면서 마음속에 고통이 없이, 궁핍함이나 비참함을 느끼지 않고 신들과 같은 생활을 영위했다. 슬픈 세월이 그를 억압하지도 않았고, 다리와 손의 힘도 언제나 한결같았으며, 모든 불행으로부터 벗어나서 기쁘고 행복하게 살았다. 그리고 죽을 때도 잠을 자듯이 죽었다. 모든 것들이 그들에게는 더할 나위 없이 좋았으며, 곡식을 선사하는 대지도 그들에게 열매를 풍성하게 맺어주었다. 그들은 들일도 자기 뜻대로 편안하게 하였고, 성스러운 신들의 마음에 들어 재물의 축복을 받아 가축의 무리도 많았다. 그리고 이 일족은 죽어 대지가 그들을 땅 아래로 받아들인 이후에도 위대한 제우스 신의 뜻대로 지상의 선한 정령이자 유한한 인간의 파수꾼 역할을 하고 있다. 그들은 판결과 불법 행위를 감독하고 안개에 둘러싸인 채 대지 곳곳을 누비며 풍요로움을 선사한다. 신들의 왕이 그들에게 이러한 권한을 주었기 때문이다.

　이들 다음으로 올림포스 신전의 주인들은 또 두 번째 종족[11]을 창조하셨으니, 그것은 바로 몸이나 마음이 황금의 종족에 전혀 필적하지 못하고, 그보다 훨씬 열등한 은의 종족이었다. 은의 종족의 자식은 백 년 동안이나 어린아이로 살면서, 정성어린 어머니의 보살핌을 받으며 바보처럼 집안에서만 놀고 지냈다. 그러나 막상 장성하여 한창 때가 되어도 얼마 살지 못했고 자신들의 무지로 인해 어려움을 당했다. 그들은 서로에게 거친 폭력을 휘두르는 짓을 그만둘 수 없었으며 불멸의 신들을 공경하려고 하지 않았고, 인간이 어디에 살든 윤리가 있는 곳이라면 마땅히 그래야 했지만 고인의 성스러운 제단에 제사를 지내려고 하지도 않았다.

---

11) 이 두 번째 종족과 첫 번째 종족 사이에 프로메테우스가 제우스를 속이고 불을 훔침으로써 야기된 인류의 타락이 일어났다.

마침내 크로노스의 아들 제우스 신은 화가 나서 이들을 땅속 깊은 곳에 던져버렸다. 그들이 올림포스에 살고 있는 후덕한 신들에게 전혀 존경심을 보이지 않았기 때문이다. 그러나 이 종족도 대지의 깊은 심연 속에 받아들여진 이후에는 지하세계에서 성스러운 피조물이라고 불리며 황금 종족보다 등급은 낮지만 존경을 받고 있다.

아버지 제우스 신은 그러나 말하는 인간의 세 번째 종족을 물푸레나무에서 새롭게 창조하셨는데, 그들은 바로 은의 종족과는 완전히 다른 청동의 종족으로 거칠고 사나웠다. 끔찍하게 생긴 이들은 아레스의 잔인한 임무를 수행하며 악행을 저질렀으며 농작물을 전혀 먹지도 않았고 쇠처럼 단단하고 거친 성격의 소유자였다. 그들의 힘은 엄청났으며, 그들의 손들은 통나무 같은 몸통에 붙어 있는 팔에서 섬뜩하게 솟아 자라나 있었다. 또한 그들의 무기는 청동으로 되어 있었으며, 그들의 집도 청동이었고, 모든 재료가 청동이었다. 아직 검은 철은 없었던 것이다. 그러나 이들도 자신들의 주먹 때문에 파멸하여 얼음장처럼 냉정한 하데스의 퀴퀴한 집으로 내려가 흔적도 없이 사라졌다. 그들이 아무리 강해도 검은 죽음은 그들도 잡아채 갔던 것이다. 그들은 그렇게 밝게 빛나는 햇빛과 작별을 고해야 했다.

그러나 대지가 이처럼 이 종족을 심연에 받아들인 이후

에, 크로노스의 아들 제우스 신은 이 비옥한 대지에 또 다른 네 번째 종족을 창조하셨으니, 이들은 우리들이 반신이라고 부르는 훌륭한 영웅의 종족[12]이다. 그들은 이 끝없는 대지에서 우리들 바로 앞 시대에 살았던 종족으로서 우리보다 고상하고 정의로웠다. 하지만 사악한 전쟁과 끔찍한 전투로 인해 이들도 멸종했으며, 이 영웅의 일부는 카드모스의 땅에 있는 일곱 개의 성문이 있는 테베에서 벌어졌던 오이디푸스 일족과의 싸움[13]에서, 다른 나머지 영웅들은 아름다운 머리카락을 지닌 헬레나를 구하기 위해 배를 타고 거대한 바다의 심연을 지나 트로이로 갔을 때 전사했다.[14] 트로이에서 일부 영웅들은 마지막 최후를 맞이했지만, 크로노

---

12) 오비디우스의 「변신 이야기」는 인류의 시대를 이 영웅 종족의 시대를 뺀 네 시대로 구분하고 있다.
13) 오이디푸스가 아버지를 죽이고 어머니와 결혼한 것을 참회하며 눈을 도려내고 방랑 생활을 하고 있는 동안, 테베에서는 오이디푸스의 두 아들에 의해 피비린내 나는 권력투쟁이 일어났다. 형제는 서로 번갈아 가면서 왕이 되기로 합의하였으나 먼저 왕이 된 동생 에테오클레스는 삼촌 하이몬과 결탁하여 1년 뒤에 폴뤼네이케스에게 왕권을 물려주지 않았다. 이에 격분한 폴뤼네이케스는 테베를 빠져나와 아르고스의 아드라스토스 왕에게 망명하여 후일을 기약하였다. 그리하여 한참 시일이 흐른 후 폴뤼네이케스, 아드라스토스, 암피아라오스, 튀데우스, 파르테노파이오스, 히포메돈 등 7명의 장수가 7개의 성문이 있었던 테베를 공격하지만 테베는 무너지지 않고 하이몬과 아드라스토스만 빼고 에테오클레스와 폴뤼네이케스 형제를 비롯하여 모든 영웅이 전사한다.

스의 아들 제우스 신은 다른 영웅들의 목숨을 살려 인간들로부터 멀리 떨어진 대지의 끝으로 데려가 거처도 마련해 주셨다. 그들은 거기서 깊게 소용돌이치며 흐르는 오케아노스 강가에 있는 축복받은 자들의 섬에서 고통을 모른 채 살고 있다. 그들은 축복받은 영웅들이다. 곡식을 선사하는 대지가 일 년에 세 번 그들에게 꿀처럼 단 열매를 풍성하게 맺어주기 때문이다.

하지만 내가 지금처럼 인간들의 다섯 번째 종족과 같이 살지 않는다면 얼마나 좋을까? 내가 이전에 죽었거나, 혹은 이후에 태어났다면 얼마나 좋았을까?[15] 지금은 철의 종족의 시대이기 때문이다. 이들은 낮에는 노고와 고초로 편안하지 못하다. 심지어 밤에도 그들의 고난은 끝나지 않는다. 신들은 그들에게 벌로 쓰라린 고통을 내린 것이다. 물론 이들의 사악한 마음속에는 고상한 심성도 약간 섞여 있다. 하지만 제우스 신은 이 말하는 인간들이 태어날 때 벌써 관자놀이가 회색이 되면 이 종족도 멸망시키실 것이다. 그때가 되면

14) 트로이 전쟁에서는 그리스 진영의 아킬레우스와 그의 절친한 친구 파트로클로스, 그리고 트로이 진영에서는 프리아모스, 헥토르, 파리스 등 수많은 영웅들이 전사한다.
15) 헤시오도스는 철의 시대 이후는 세상이 지금보다 나아질 것이라고 생각하고 있다. 그러나 그에 의하면 비록 철의 시대에 살고 있어도 사람들이 정의롭고 정직하게 행동한다면 신의 은총을 받을 수 있다.

자식들은 아버지의 말에 따르지 않을 것이고, 아버지는 자식들의 말에 동의하지 않을 것이다. 손님은 그전처럼 주인에게 친절하지 않을 것이고, 친구는 친구에게, 형제는 형제에게 친절하지 않을 것이다. 그들은 늙으신 부모의 명예를 실추시킬 것이며, 추악한 말로 그들에게 욕을 퍼부을 것이고, 신들의 감독을 무시하는 무법자가 될 것이다. 그들은 또한 늙으신 부모님을 돌보아드리지는 않고 주먹을 휘두를 것이다. 더 나아가 어떤 사람은 다른 사람의 도시를 파괴할 것이다. 서약을 충실히 지키는 사람뿐 아니라 정의로운 사람도 그리고 정직한 사람도 주목을 받지 못할 것이다. 오히려 정직한 사람이 무법자와 폭력을 일삼는 자들을 존경하게 될 것이다. 정의는 주먹에 있고, 서로 배려하는 마음은 사라질 것이다. 악한 자가 잘못된 말로 덕이 있는 사람을 해치며 위증을 일삼을 것이다. 질투의 여신이 음험하고 증오심 가득한 시선을 하고 호들갑을 떨며 불쌍한 인간들을 따라다닐 것이다. 그리고 그때가 되면 아이도스[16]와 네메시스 여신[17]마저도 자신의 아름다운 몸을 하얀 옷으로 감싼 채 넓은 길이 나 있는 대지와 인간을 떠나 신들과 합류하기 위해 올림포스 산으로 올라가 버릴 것이다. 결국 유한한 인간

---

16) 수치의 여신이다.
17) 복수의 여신이다.

들에게는 단지 쓰라린 고통만 남을 것이며, 아무도 이런 화를 피할 수 없을 것이다.

4. 대처 방안으로서의 정의와 노동

그럼 이번에는 높으신 재판관님들을 위해 그들도 충분히 이해하리라고 생각하는 비유를 하나 이야기하겠다. 매 한 마리가 발톱으로 목이 알록달록한 나이팅게일 한 마리를 꽉 붙든 채 높은 구름 위를 날고 있었다. 그 나이팅게일은 매의 구부러지고 날카로운 발톱에 찔려 가엽게 비명을 지르고 있었다. 그러자 매는 나이팅게일을 호통 치면서 이렇게 말했다. "이 한심한 녀석아, 너는 왜 비명을 지르고 난리냐? 지금 너보다 훨씬 강한 자가 널 붙들고 있다. 네가 비록 가수[18]여도 넌 내가 원하는 곳으로 가야 한다. 나는 내 마음 내키는 대로 널 먹어치울 수도 있고, 놓아줄 수도 있다. 바보만이 강자와 대적해서 패배하여 치욕과 고통을 당하는 법이다." 이렇게 바람처럼 빠른 매는 긴 날개를 퍼덕이며 말했다.

------
18) 헤시오도스도 나이팅게일처럼 고대 그리스의 가수였다. 그는 우화 속의 나이팅게일을 통해 형제 페르세스와의 상속 분쟁에서 어려운 처지에 놓이게 된 자신을 암시하고 있다.

그러나 페르세스야, 너는 정의에 귀를 기울이고 폭력으로 죄를 짓지 마라. 폭력은 나약한 인간들에겐 좋지 않기 때문이다. 존경받는 사람이나 고결한 사람조차도 폭력의 무게를 견디지 못하고 그 무게에 짓눌려 불행에 빠진다. 그러니 다른 길, 불의의 길을 버리고 정의의 길을 가는 것이 더 좋다. 정의는 결국 불의를 이기기 때문이다. 바보만이 고통을 당하고 나서야 비로소 현명하게 된다. 잘못된 판결을 하면 맹세의 신인 호르코스가 나타나 그에게 깊은 고통을 안겨주기 때문이다. 그리고 재판관들이 뇌물을 받고 부당한 판결로 법을 날조하고 정의의 여신 디케를 왜곡하면 큰일이 벌어진다. 그러면 디케는 비통해하며 안개에 둘러싸인 채 도시와 사람들이 사는 곳이면 어디든지 일일이 찾아다니며, 자신을 배척하고 부당하게 왜곡하는 사람들을 색출하여 재앙을 내리기 때문이다.

그러나 이방인이든 내국인이든 누구에게든 정당한 판결을 내리고 정의로부터 한 치도 벗어나지 않은 사람들이 사는 도시는 번창할 것이고, 또한 그곳에 사는 사람들도 번영을 누릴 것이다. 그리고 그들의 나라에는 평화가 지속되어 청소년들은 무럭무럭 자라날 것이며, 선견지명이 있는 제우스 신은 그런 사람들에게 고통스러운 전쟁도 면하게 해주실 것이다. 또한 그런 정의로운 사람들은 기아와 불행을 겪지 않을 것이며, 즐거운 축제에서 자신들이 들에서 손수 거두어들인 농작물을 먹고 즐길 것이다. 대지는 그들에게 풍성한 수확물을 안겨줄 것이며, 산 속의 떡갈나무는 위쪽 부분에서는 열매를 맺어주고, 줄기에서는 벌꿀을 만들어 줄 것이다. 그들의 양 떼는 걷기 힘들 정도로 털이 무성하게 자랄 것이다. 아내들은 또한 부모들과 비슷한 자식들을 낳아줄 것이다. 이렇게 그들의 행복은 영원히 지속될 것이다. 그들은 또한 배를 타고 바다로 나가지 않아도, 알곡을 선사하는 들판이 그들에게 열매를 맺어줄 것이다. 그러나 사악한 폭력과 불법을 저지르는 사람에게는 선견지명이 있는 크로노스의 아들 제우스 신은 거기에 합당한 벌을 내리실 것이다. 그리고 폭력과 범죄를 저지르는 악당 한 사람 때문에 도시 전체가 그 대가를 치르게 되는 일이 빈번하게 일어날 것이다. 크로노스의 아들은 그러한 자들에게 하늘로부터 무거운 고통, 즉 기아와 질병을 동시에 내릴 것이고, 그리하여 전 국민이 몰락할 것이다. 그들의 아내들은 아이를 낳지 못할 것이고, 그들의 가문은 올림포스의 제우스 신의 뜻에 의해 책략으로 차차 문을 닫게 될 것이다. 혹은 크로노스의 아들은 형벌을 주기 위해 그들의 강한 군대와 성벽과 바다의 배를 파괴할 것이다.

아, 여러분 왕들이시여, 이런 형벌을 머릿속에 잘 새겨두

십시오. 신들은 인간들 사이에 가까이 계셔서 신들의 눈을 부끄러워하지 않고 부당한 판결으로 다른 사람에게 고통을 주는 모든 자들을 예의주시하고 있기 때문입니다. 이 풍요로운 대지에는 제우스 신의 불멸의 파수꾼들 삼천 명이 유한한 인간들을 바라보며 진한 안개에 둘러싸인 채 어디든지 가리지 않고 돌아다니며 잘못된 판결과 수치스러운 행동을 감시하고 있습니다.[19] 이들 중에는 올림포스에 살고 있는 신들의 존경을 한 몸에 받고 있는 제우스 신의 딸이자 고결한 성처녀인 디케도 있습니다. 누군가가 그녀의 마음을 상하게 하거나 파렴치한 말로 모욕하면 그녀는 곧바로 크로노스의 아들 제우스 신 옆에 가서 앉아 그 수치스러운 사람들의 행동을 그에게 낱낱이 보고합니다. 그래서 위험한 생각을 하거나 정의를 왜곡하고 잘못된 판결을 내리는 위정자들의 악행에 대해 전 국민이 그 대가를 치르도록 합니다. 그러니 그러기 전에 뇌물을 좋아하는 여러분 왕들이시여, 정당하게 판결을 내리고 정의를 왜곡할 생각을 떨쳐버리길 바랍니다. 다른 사람들에게 해를 끼치는 사람은 스스로에게 해를 자초할 것이기 때문입니다. 결국 남에게 해를 끼치려고 세우는 계획은 그것을 꾸미는 사람에게 치명타를 입히는

---

[19] 앞서 언급한 황금 시대의 인간들은 죽은 후에 이런 역할을 한다.

것입니다. 원한다면 모든 것을 통찰하시고 감지하시는 제우스 신의 눈은 이번 사건을 한번 슬쩍 보기만 하셔도 이 도시가 어떤 정의를 성벽 안에 꼭꼭 감춘 채 왜곡하고 있는지 금방 알아차리실 겁니다. 그렇지 않다면 나는 지금 사람들 앞에서 제 자신이 정당하다고 주장하고 싶은 마음이 추호도 없습니다. 그건 제 아들도 마찬가지일 것입니다. 악당이 법정에서 승리자가 되어 버젓이 걸어 나간다면 아무리 정당한 사람이라도 말문이 막히기 때문입니다![20] 그러나 나는 현명하신 제우스 신께서 그렇게 되도록 내버려두지 않으실 것이라고 확신합니다.

페르세스야, 내 말들을 마음속에 잘 새기고 정의의 말을 따르고 폭력 행위를 삼가라. 크로노스의 아드님은 인간들과 물고기들과 날짐승뿐 아니라 모든 동물들에게 각각 다른 원칙을 부여하셨다. 그래서 동물들은 그들 사이에 정의가 지배하지 않기 때문에 서로 잡아먹지만, 제우스 신은 인간에게는 모든 것 중에서 가장 최고의 선인 정의를 수여하셨다. 다시 말해 누군가가 자신이 정의라고 확신하는 것을 말하기로 결심을 하면 선견지명이 있는 제우스 신은 그에게 복을 내리신다. 하지만 증인으로 나서 의도적으로 위증을 하며

---

20) 형제 페르세스가 자신과 벌이고 있는 상속에 관한 소송 사건에서 자신이 불리한 상황에 처해 있음을 암시한다.

속이는 자와 사람들을 무도하게 현혹시키며 정의를 해치는 자의 자손은 나중에 몰락할 것이다. 그러나 맹세를 충실하게 지키는 자의 자손은 미래에 번성할 것이다.

나는 정말 바보 같은 너 페르세스를 좋게 생각하며, 너에게 이런 말을 해주고 싶다. 가난은 아주 쉽게 얻을 수 있다. 가난으로 가는 길은 평탄하다. 가난은 우리와 가까운 데에 살고 있다. 그러나 불멸의 신들은 성공으로 가는 길 위에서는 우리의 이마에서 땀이 흐르지 않으면 안 되도록 해놓으셨다. 그쪽으로 가는 길은 멀고 가파르며 그 길을 가기에는 처음엔 힘들다. 그러나 처음에 어려웠던 그 길도 한번 들어서면 쉬워진다. 무엇이 최후에 우리에게 성공을 가져다 줄지 스스로 통찰하고 생각하는 자가 모든 사람 중에서 최고다. 또한 다른 사람의 충고를 받아들이는 자도 유능한 사람이다. 그러나 스스로 무지하여 다른 사람의 충고를 듣지 않고 명심하지 않는 자는 쓸모없는 사람이다.

그러니 너는 나의 충고를 항상 생각하라. 페르세스, 이 어리석은 녀석아, 기아의 여신이 너를 증오하고 아름다운 왕관을 쓴 고결한 데메테르가 너를 사랑하도록, 그리고 너의 창고가 곡식으로 가득 차도록 일을 해라. 배고픔은 아주 게으른 사람의 동무인 법이다. 힘들게 수확한 일벌들의 꿀을 축내는 침이 없는 수벌들이 하는 식으로 게으른 한량처럼 하릴없이 빈둥대며 살아가는 자들에게 인간들과 신들은 분노한다. 그러나 너는 너의 곳간이 잘 익은 곡식으로 가득 차도록 즐거운 마음으로 제때에 들일을 해라. 노동은 사람들의 가축과 재산을 늘려준다. 열심히 일하는 사람은 신들의 마음에 흡족하기 때문이다. 흡족하기는 인간들도 마찬가지다. 인간들도 게으름뱅이를 지독하게 증오하기 때문이다. 노동은 전혀 수치가 되지 않는다. 그에 비해 아무것도 하지 않는 것은 수치다. 네가 노동을 하면 게으른 자는 곧 너를 부러워할 것이다. 너는 곧 부자가 될 것이기 때문이다. 부에는 명예와 존경이 뒤따르는 법이다. 이 바보야! 네가 남의 재산에 대해 품은 어리석은 생각을 버리고 노동으로 맘을 돌려, 내가 너에게 충고하고 있듯이, 너의 빵을 얻기 위해 스스로 노력한다면 너에게 노동은 하나의 축복이 될 것이다. 가난한 사람에게는 불쾌한 치욕이 뒤따른다. 치욕은 유용할 때도 있지만 사람들에게 매우 해가 된다. 가난에는 치욕이 뒤따르지만, 그에 비해 부에는 자부심이 뒤따른다. 훔친 재산이 아니라 신들이 우리에게 선물한 재산은 큰 축복이다. 사람의 마음이 물욕으로 어두워지거나, 뻔뻔한 나머지 부끄러움을 잊을 때 자주 일어나듯이, 어떤 사람이 자신의 주먹으로 혹은 달변으로 큰 재산을 끌어 모아도 신들은 이 사람을 쉽게 파멸시키고, 그 사람의 집을 몰락시켜서, 그는 아주 짧은 시간만 부를 누릴 뿐이다.

자신에게 애원하는 사람과 이방인을 학대하거나 형제의 아내와 음탕한 짓거리를 하기 위해 형제의 침대에 올라가는 자, 혹은 사리 분별이 없이 고아에게 부정한 짓을 저지르거나, 황혼의 문턱에 선 백발의 아버지에게 욕설을 하며 거친 말로 대드는 자도 똑같은 악행을 저지르는 자로서 진실한 제우스 신의 저주를 받아, 결국 자신의 비열한 행동에 대해 엄청난 죄과를 치르게 될 것이다. 그러나 너는 어리석은 마음을 바로 잡아 이러한 잘못을 저지르지 마라.

너의 재산에 걸맞게 불멸의 신들에게 상하지 않은 깨끗한 제물을 마련하고 기름진 허벅다리로 번제를 올려라. 그리고 또 네가 잠자러 갈 때나 성스러운 태양이 다시 뜰 때면 제단에 포도주나 유향을 뿌려 신들이 너에게 은총을 베풀 마음이 들도록 하여라. 그러면 신들은 너에게 진심으로 은총을 베풀어서 네가 다른 사람의 토지는 살지언정, 다른 사람이 너의 토지를 살 수 없도록 하실 것이다.

친구는 식사에 초대하되, 적은 초대하지 마라. 그러나 무엇보다도 너와 가까이 사는 이웃을 초대하라. 너의 농장에 불행한 일이 닥치면, 이웃들은 허리끈을 맬 틈도 없이 버선발로 뛰어오지만, 너의 형제는 허리끈을 매느라 미적거릴 것이기 때문이다. 좋은 이웃이 너에게 행운을 가져다주는 만큼 나쁜 이웃은 고통스러운 존재다. 좋은 이웃을 가진 사람은 그만큼 명망을 얻게 될 것이다. 너는 나쁜 이웃만 없다면 소 한 마리도 잃지 않을 것이다. 좋은 이웃을 얻어서 네가 어려울 때 그와 믿을 만한 친구로 지내려면 그에게 똑같이, 아니 할 수 있다면 훨씬 더 많이 보답해라. 좋지 않은 이윤을 추구하지 마라. 사기는 타락과 같기 때문이다. 친구에게 친구로 대하고 너를 도와주는 사람은 똑같이 도와줘라. 너에게 베푸는 사람에게 너도 베풀고, 베풀지 않는 사람에게 베풀지 마라. 베푸는 사람에게는 누구든지 베풀고, 누구도 주지 않는 사람에게는 아무것도 주지 않는 법이다. 주는 것은 좋은 것이지만, 그에 비해 빼앗는 것은 불의이며 파멸을 초래할 것이다. 어떤 사람이 아무리 큰 것이라도 그것을 흔쾌히 선물하면, 자신이 준 선물 때문에 그의 기분이 좋아지고 마음이 즐거울 것이기 때문이다. 그러나 아무리 적은 것일지라도 자신의 힘을 믿고 다른 사람에게서 물건을 빼앗아 가는 사람은 마음이 냉혹해진다. 적은 것도 계속 모여 쌓이면 곧 큰 것이 되기 때문이다. 식량을 많이 비축해 둔 사람은 아무리 심한 기근이 닥쳐도 걱정이 없다. 집에 무엇인가 비축해 두고 있으면 사람은 걱정이 되지 않는 법이다. 무엇이든 집 안에 비축해 두는 것이 좋다. 무엇이든 집밖에 있으면 손실을 입기 때문이다. 비축해 놓은 것을 쓰면 마음이 편하다. 하지만 갖고 싶지만 없으면 마음이 아프다. 나는 이것을 명심하라고 너에게 경고한다.

곡식통이 가득 차거나 비었을 때는 실컷 먹어라. 하지만 적당히 있을 때는 절약해라. 또한 찌꺼기밖에 없는데 절약하는 것은 가련한 짓이다. 친구와 약속한 보수는 깎아서는 안 된다. 농담으로 들릴지 모르지만 형제 사이일지라도 증인을 세워라. 믿음은 불신과 마찬가지로 사람들을 파멸시키기 때문이다. 꼬리를 치며 너의 재산을 노리는 여자의 달콤한 밀어에 마음을 뺏기지 마라. 여자를 믿는 자는 도둑을 믿는 것과 같기 때문이다. 아버지의 집을 보전하려면 아들은 하나만 가져라![21] 그래야 집안이 부유하게 되기 때문이다. 너는 후에 늙어 죽어도 한 명의 손자만을 남겨야 한다. 물론 자식이 몇 명 더 있어도 제우스 신은 그들에게 쉽게 변함없이 축복을 내릴 것이다. 아들이 많으면 걱정이 많아지지만 재산도 그만큼 불어날 것이기 때문이다. 그러니까 네가 진심으로 부자가 되기를 원하면 내가 말한 대로 행동하고 열심히 일을 해라.

▪▪▪▪▪▪▪▪

21) 고대 그리스에서는 상속자를 하나만 두고자 하는 바람이 일반적이었다. 아이를 하나만 낳으면 농장이 나누어지는 것을 방지할 수도 있었고, 척박한 땅에서 인구 과잉도 막을 수 있었다. 물론 이 구절은 또한 자신처럼 집안에 형제가 있으면 많은 문제가 일어날 수 있음을 암시한 것이다.

제2부

노동과 계절

1. 서언

아틀라스의 딸들인 플레이아데스 성단[1]이 아침에 떠오르면 수확을 시작하고, 그 별들이 아침에 지면 쟁기질[2]을 시

---

1) 우리나라에서는 앙성(昴星)이라고 불리며 칠 자매 별이라고 한다. 왜냐하면 그 별들에 아틀라스와 플레이오네 사이에서 태어난 일곱 공주의 이름을 붙였기 때문이다. 지금은 일곱 개의 별 중 마이아, 타위게테, 켈라이노, 아스테로페, 알퀴오네, 메로페 등 여섯 개만 보이고 엘렉트라는 보이지 않는다. 실제 플레이아데스 성단은 물기가 어린 듯 흐릿하게 보이는데 이것은 사라진 엘렉트라를 다른 자매들이 그리워해서 눈물을 흘리기 때문이라고 한다. 특히 이 별은 헤시오도스가 살던 당시 그리스에서는 5월 중순 일출 전에 떴다가 11월 초에 졌다.
2) 씨앗을 뿌릴 땅은 그 당시 초봄에 한 번 갈고, 여름에 다시 한 번 간

작하라. 플레이아데스 성단은 사십 일 낮 밤을 숨어 지내다가 한 해 중 낮을 갈 때쯤이면 아침에 처음으로 나타난다. 이런 원칙은 네가 평야지대에 살든지, 아니면 네가 바닷가나 혹은 파도치는 바다에서 멀리 떨어진 산구석에 비옥한 토지를 갖고 있든지 상관없이 어디든지 해당된다. 네가 모든 일이 잘되어서, 나중에 곤궁하여 다른 사람의 농장에 가서 하릴없이 구걸하지 않도록 데메테르가 선사하는 모든 곡식을 제때에 받으려면 맨몸으로3) 씨앗을 뿌리고, 맨몸으로 논을 갈고, 맨몸으로 수확을 해라.

 너는 나에게도 이미 한번 왔었다. 하지만 나는 이제 너에게 더 이상 아무것도 주지 않을 것이고 재산도 나누어주지 않을 것이다. 바보 같은 페르세스야, 네가 괴로운 마음으로 아내와 자식을 데리고 이웃에게 빵을 구걸하지 않으려면 신들이 인간들에게 정해 준 일을 해라. 네가 찾아와도 이웃들은 어깨만 움칠할 것이다. 물론 너는 두세 번쯤은 무엇인가를 받을지 모른다. 하지만 결국 너는 다른 사람에게 성가신 존재가 될 것이며 더 이상 아무것도 얻지 못할 것이다. 말

후 가을에 우기(雨期) 전에 씨를 뿌렸다. 그리고 다음 여름에 수확이 끝난 후에는 다음 해 초봄까지 그대로 놓아 두어 2년에 한 번 경작했다.
 3) 일할 때 맨몸으로 하라는 것은 제의적인 의미를 갖고 있든지, 아니면 더운 계절이니까 옷을 벗고 열심히 일하라는 뜻을 갖고 있다.

을 많이 해도 소용없고, 길게 하소연을 해도 아무런 도움을
받지 못할 것이다. 나는 네가 빚을 갚고 주린 배를 채울 길
을 찾기를 간절하게 충고한다.

  먼저 집을 구하고, 그 다음에 여자 하나를, 그 다음에는
쟁기질에 필요한 소들을 구하라. 여자는 결혼하기 위해서가
아니라 소를 몰기 위해 필요하다. 모든 물품을 집안에 잘
구비해 놓아라. 그렇지 않으면 너는 누군가에게 부탁해야
할 것이다. 그러면 그 사람은 거절할 것이고 네가 그렇게
서 있는 동안 귀중한 시간은 덧없이 흘러가서 너의 수입은
감소할 것이다. 아무것도 내일 혹은 모레로 미루지 마라.
열심히 일을 하고 아무것도 미루지 않는 사람만이 자신의
곳간을 채울 수 있는 법이다. 근면한 사람은 어떤 일도 잘
마무리하지만, 게으른 사람은 언제나 어려움을 겪는다.

2. 가을

  작열하는 태양이 비지땀을 흘리게 하는 열기를 누그러뜨
리면, 전능하신 제우스 신은 가을비를 내려주시며, 사람의
피부는 훨씬 가벼움을 느낀다. 시리우스[4]가 낮에는 단지 잠
시 동안만 인간의 머리 위를 스쳐 지나가고, 오히려 밤 시

간에 더 오랫동안 빛나기 때문이다. 그때는 나무를 도끼로 쓰러뜨려도 벌레 먹지 않는 가장 좋은 시기이고, 나무들이 나뭇잎을 떨어뜨리고 성장을 멈추는 때다. 그러니 그때 나무를 베서, 필요한 물건을 만들 생각을 하라. 절구통은 3피트의 높이로, 절굿공이는 3큐빗[5]의 길이로 만들어라. 그러기에는 이 시기의 목재가 적당하다. 그리고 마차축은 7피트가 되는 걸로 만들어라. 그 정도가 너에게는 아주 적당할 것이다. 8피트 정도의 나무 조각이 있거든 그것으로 메자루를 만들어라. 길이가 8피트 정도가 되는 마차에는 2.5피트 정도의 바퀴를 만들어야 한다. 굽은 나무들은 많다. 산과 들을 샅샅이 뒤져 굽은 너도밤나무 조각을 하나 구하거든 쟁기를 만들기 위해 집으로 가져가라. 아테나 여신의 종[6]이 그것을 보습에 고정시키고 못으로 수레의 채에 연결시켜 소

---

4) 큰개자리의 으뜸별. 시리우스라는 말의 의미는 '눈이 부시게 빛난다', 혹은 '밝게 빛난다'라는 뜻이다. 사냥꾼 오리온은 항상 데리고 다녔던 사냥개가 한 마리 있었는데, 이 개의 발이 어찌나 빨랐던지 그 속도에 반한 제우스가 이 개를 하늘에 올려 별자리로 만들어주었다고 한다. 시리우스는 그리스에서 7월 12일경에 아침 일찍 뜨지만, 그때부터는 조금씩 일찍 떠서 9월 말쯤이면 밤의 절반 이상을 비춘다. 특히 그리스에서는 시리우스가 대낮의 남쪽 하늘에 보이게 되는 7, 8월이 가장 더운 기간이었다.
5) 옛날의 길이 단위로 45 내지 56센티이다.
6) 목수. 아테나 여신은 기술의 신이기도 했다.

를 매달아 쟁기질을 하면 가장 오래가기 때문이다. 쟁기는 두 개 마련해라. 그리고 쟁기는 집에서 꼼꼼하게 만들어라. 하나는 원래 굽은 나무로, 또 하나는 나무 조각들을 연결해서 만들어라. 그렇게 두 개 만들어 두는 것이 가장 좋다. 하나가 부러지면 소들을 다른 하나에 묶어 들로 데려갈 수 있기 때문이다. 월계수나무와 느릅나무로 만든 수레채가 벌레로부터 가장 안전하다. 보통 쟁기는 참나무로 만들고 굽은 쟁기는 너도밤나무가 좋다. 아홉 살배기 황소 두 마리를 구입해라. 황소는 그때가 적령기이다. 그 나이의 소는 지칠 줄 몰라 일하기에 가장 알맞기 때문이다. 이런 소들은 고랑에서 서로 싸우면서 쟁기를 부러뜨려 일을 중도에서 망치게 하지 않을 것이다. 소들은 여덟 조각짜리 빵[7]에서 두 조각을 점심으로 먹으며 오로지 자신의 일만을 염두에 두고 있는 마흔 살의 남자가 몰도록 하라. 그런 남자는 고랑을 반듯하게 만들 줄 알고, 더 이상 동료들을 쫓아다니지 않으며, 오로지 자신의 일에만 신경을 쓴다. 이보다 더 젊은 사람은 파종하기에 적합하지 않고 파종을 다시 하게 만든다. 이보다 더 젊은 사람은 항상 자신의 동료들과 어울리기 때문이다.

---

7) 그 당시 빵은 8등분으로 되어 있었던 것 같다.

매년 그렇듯이 높은 구름 위에서 두루미의 울음소리가 들려오면 주의해라. 그것은 쟁기질을 하라는 신호이며 겨울비를 재촉하는 소리이기 때문이다.[8] 하지만 그 소리는 소나 수레가 없는 사람의 마음을 쥐어뜯는다. 그때는 뿔이 굽은 소들은 이제 축사에 가두고 먹이를 주어 힘을 비축시켜야 할 때여서, "여보게 나에게 소 좀 빌려주게!"라고 누군가가 부탁하더라도, "우리 소들은 할 일이 있네!"라는 말을 들으며 일언지하에 거절당하기 때문이다. 또한 수레가 없는 사람이 경솔한 생각에서 쉽게 수레를 만들 수 있다고 생각한다면, 그는 아무것도 모르는 바보다. 수레를 만들기 위해서는 그 전에 구해야 할 목재들이 백여 개나 되기 때문이다.

쟁기질하는 시기가 시작되자마자 하인이나 너 가릴 것 없이 제때에 젖은 땅과 마른 땅을 서둘러 갈고, 아침 일찍 일어나서 활동해라. 그러면 너의 땅은 너에게 풍성한 수확을 안겨줄 것이다. 휴경지는 봄에 한 번 갈고, 여름에 다시 한 번 갈아라. 그러면 휴경지는 너를 실망시키지 않을 것이다. 휴경지에 씨를 뿌릴 때는 땅이 아직 부드러울 때 하라. 그러면 휴경지는 배고픔을 몰아내고, 보기에도 흡족한 자식들을 길러낸다.

---

8) 고대 그리스에서 쟁기질은 보통 초봄, 여름 그리고 씨앗을 뿌리는 가을 등 총 세 번 한다.

깊은 곳에 거하는 제우스 신과 거룩한 데메테르에게 성스러운 열매가 굵게 맺히게 해달라고 기도하라. 네가 쟁기질을 시작할 때, 쟁기자루에 손을 얹을 때, 그리고 수레채의 끈을 끌고 있는 소의 등에 채찍질을 가할 때에 기도하라. 어린 종은 뒤에 따라 오면서 갈퀴로 씨를 덮어야 한다. 그래야 새들이 씨앗을 찾아 먹지 못한다. 주의하는 것이 유한한 인간에게 가장 좋으며, 부주의는 위험하기 때문이다. 그리하여 올림포스에 살고 있는 제우스 신이 이삭을 잘 여물게 하면 안이 꽉 찬 이삭은 무거워 땅으로 고개를 숙인다. 그러면 너는 내가 바라는 것처럼 항아리에서 거미줄을 걷어내고 거기에 곡식들을 저장해 놓고 나중에 즐겁게 먹을 수 있을 것이다. 그러면 또한 너는 풍족한 상태에서 따뜻한 봄을 맞이할 것이며, 다른 사람을 찾아다닐 필요도 없고, 오히려 다른 사람이 너의 도움을 청할 것이다.

그러나 네가 동지가 되어서야 비로소 신성한 땅을 갈아 씨를 뿌리면, 너는 쪼그리고 앉아 곡식을 수확할 것이고, 이삭이 부실해서 손에 잡히지도 않을 것이다. 또 이삭을 손으로 비틀어 훑어도 먼지만 뒤집어써서 하나도 즐겁지 않을 것이고, 알곡을 광주리에 담아 집으로 가지고 가도 별로 눈길을 끌지 못할 것이다. 이것이 우선 아이기스 방패를 지니고 있는 제우스 신의 뜻이지만, 그러나 제우스 신의 뜻이 항상 그런 것은 아니다. 그래서 유한한 인간은 제우스 신의 뜻을 헤아리기가 어렵다. 네가 뒤늦게 씨앗을 뿌렸다면 다음과 같은 해결책이 있을 수도 있기 때문이다. 즉 떡갈나무 잎 사이에서 뻐꾸기가 일 년 중 처음으로 뻐꾹뻐꾹 울면서 광활한 대지의 인간들을 기쁘게 할 때면, 제우스 신은 아마도, 비록 그 양이 노새의 발자국을 지울 정도 이상도 그 이하도 아니어도 사흘쯤 비를 내려줄 수도 있을 것이다. 그래서 뒤늦게 쟁기질을 한 자도 일찍 쟁기질을 한 자를 따라잡는 것이다. 다음 두 가지를 너의 마음속에 잘 새겨라. 즉 찬란한 봄의 시작과 더불어 적시에 내리는 비를 간과하지 마라.

3. 겨울

겨울에 혹한으로 들일을 하지 못하게 되면 대장간이나 따뜻한 마을 회관은 그냥 지나쳐라. 그건 네가 혹독한 겨울 때문에 곤란과 궁핍을 당하지 않기 위해서이고, 깡마른 손으로 두껍게 부풀어 오른 발을 주무르지 않기 위해서이다. 추위를 꺼리지 않는 사람만이 자신의 가정살림을 잘 꾸려나가는 법이다. 게으른 자는 자주 헛된 희망을 믿고 생계가 필요한데도 헛된 망상들에 자신의 마음을 뺏긴다. 먹을 것이 하나도 없는데 마을회관에 편안히 앉아 빈둥거리는 허기진 사람이 꿈꾸고 있는 희망은 아무런 도움이 되지 않는다.

아직 한여름일 때 너의 하인들에게 다음과 같이 지시하라. "여름은 영원히 지속되지 않는다. 그러니 헛간이라도 고쳐라!"

1월 말과 2월 초의 소들도 괴로워하는 아주 혹독한 날들과 북풍 때문에 생긴 빙판길은 피하라! 북풍은 말들을 많이 키우는 트라키아 지방을 가로질러 광활한 바다 위를 거세게 불며 바다를 휘젓는다. 북풍이 불면 땅과 숲이 신음한다. 또한 북풍은 아주 높은 참나무들과 아름드리 가문비나무들도 무수하게 쓰러뜨린다. 그러면 거대한 숲 전체가 울린다. 모든 동물들이 추위에 떨며, 몸에 털이 덥수룩하게 난 동물들도 자신들의 꼬리를 성기에 단단히 붙이고 있다. 아무리 가슴이 모피로 둘러싸여 있는 동물이어도 차가운 바람은 이들의 가슴을 뚫고 지나간다. 소들의 모피도 그 바람을 막을 수 없으며 그 바람은 그것을 뚫고 지나간다. 털북숭이 노루조차도 그 바람은 뚫고 지나간다. 다만 그 매서운 북풍은 일 년 내내 자라난 양모로 뒤덮인 양들만은 관통하지 못한다. 물론 북풍은 노인의 발걸음을 가볍게 해준다. 또한 북풍은 인자하신 어머님 곁에 살면서 황금빛 아프로디테의 일에 아직 익숙지 않은 처녀의 부드러운 피부도 관통하지 못한다. 두족류가 빛이 비치지 않는 어두컴컴한 은신처에서 자신의 다리를 갉아먹는 겨울날,[9] 처녀는 집안 가장 깊숙한 곳에 기거하며 부드러운 몸을 조심스럽게 씻고 기름진 향유로 가꾸기 때문이다. 이때 태양은 두족류가 쉴 수 있는 해초류를 비추지 않고, 검은 피부를 지닌 인종과 사람들에게 주로 머물며, 헬렌 족[10]에게는 단지 비스듬하게만 비춘다. 이럴 때면 숲에 있는 뿔 가진 동물이건 그렇지 않은 동물이건 비참하게 이를 부딪치며 산중턱의 관목숲을 피해 도망간다. 어떤 동물이든 오로지 피할 곳만을 생각하고 무성한 숲과 바위굴 속에만 보금자리를 찾으려 한다. 그리고 사람들은 지팡이를 짚고 걷는 노인[11]처럼 등을 구부리고 머리를 땅에 숙인 채 걷는다. 정말 그와 똑같은 모습으로 사람들은 가만가만 걸으며 새하얀 눈을 피하려 한다.

그러니 내가 충고하건대 너의 몸을 따뜻한 외투, 즉 숱이 성긴 외투와 길쭉한 상의로 보호하라. 외투의 날실은 넓고 씨실은 두꺼워야 한다. 너의 몸에 나 있는 모든 털이 추위

---

9) 발이 머리 부분에 달린 연체동물로 오징어나 문어 등을 말하며, 이들은 배고프면 자신의 발을 갉아먹는다.
10) 고대 그리스인 전체를 말한다.
11) 오이디푸스가 푼 스핑크스의 수수께끼를 연상시킨다.

로 떨어 일자로 곤두서지 않도록 꼭 그런 옷을 입어라. 그러나 발에는 안을 솜털로 가득 채워 넣은 소가죽으로 만든 꼭 맞는 신발을 신어라. 혹한기가 가까우면 그 해 처음으로 잡은 염소의 가죽을 소의 힘줄로 꿰매서 우의를 만들어 등에 걸쳐라. 머리에는 귀가 안개에 젖지 않도록 실한 펠트 모자를 써라. 북풍이 불어닥치면 새벽은 오싹하고, 새벽 안개가 별이 총총한 하늘에서부터 내려와 부자의 밀밭을 거쳐 대지에 쫙 깔린다. 그 후 새벽 안개는 도도히 흘러가는 강물을 흠뻑 머금은 채 폭풍에 의해 대지 위로 높이 퍼진다. 그러다가 새벽 안개는 저녁 무렵에 비가 되어 내리기도 하고 트라키아의 북풍이 빽빽한 안개 구름을 몰고 오면 바람처럼 흩날리기도 한다. 그런 날씨는 피해야 한다. 그러니 북풍이 불기 전에 들일을 끝마치고 일찍 집으로 가라. 그건 어두운 구름이 하늘에서 내려와 너를 감싸서, 너의 피부가 끈적끈적하게 되고 너의 옷이 흠뻑 젖지 않도록 하기 위해서다. 그런 일은 절대 없도록 해라. 이 달은 겨울 중 가장 좋지 않은 시기여서, 양들에게뿐 아니라, 사람들에게도 좋지 않기 때문이다. 이제 소들에게는 옛날 먹이의 반만을 주고, 하인들에게는 그보다 약간 더 주어라. 긴 밤이 그들의 허기에 도움이 되기 때문이다. 이것을 명심하고, 연말이 될 때까지, 그리고 만물의 어머니인 대지가 온갖 종류의 열매를 다시 맺어줄 때까지 하인들에게 낮과 밤의 길이에 따라 식사를 주어라.

제우스 신이 동지 이후 육십 일을 갈무리하면,[12] 아르크투로스 별[13]이 오케아노스의 성스러운 물결을 떠나 황혼녘에 제일 먼저 밝게 빛나며 떠오른다. 그 별이 보이고 나서 초봄이 시작될 즈음 해서 날카롭게 지저귀는 판디온의 딸인 제비[14]가 인간들에게 그 모습을 나타낸다. 제비가 오기 전에 포도덩굴의 가지를 쳐라. 가지치기는 그때가 가장 적기이다.

4. 여름

그러나 달팽이가 몸을 기어 땅에서 나무로 올라가 플레이

---

12) 2월 18일경을 뜻한다.
13) 목동자리라고 알려져 있는 곳에 있는 별로 우리나라에서는 시리우스 다음으로 가장 밝게 빛난다. 곰의 감시인이라고도 불리는데 그것은 이 별이 곰자리 별의 주변을 도는 것처럼 보이기 때문이다.
14) 프로크네는 아테네의 왕 판디온의 딸로 트라키아의 테레우스 왕과 결혼을 하였다. 그런데 테레우스 왕은 프로크네의 자매였던 필로멜레를 겁탈하였다. 그러자 자매는 복수하기 위해 테레우스 왕의 아들을 죽인다. 격노한 테레우스 왕은 이들을 추격하지만, 프로크네는 제비로, 필로멜레는 나이팅게일로 변신하여 목숨을 구한다.

아데스를 피하면 더 이상 포도밭에서 땅을 파지 말고, 추수를 대비하여 낫을 갈고 하인들을 재촉해라. 추수 때에는 그늘진 곳에 앉아 있거나 날이 밝아 헬리오스가 자신의 몸을 말릴 때까지 잠자는 것을 피하라. 이런 날에는 서둘러 새벽에 일찍 일어나 들의 곡식을 집으로 운반해서 곳간에 충분하게 비축해 두어라. 새벽은 우리에게 하루 일과의 삼분의 일을 덜어주고, 우리가 가는 길과 일을 재촉하기 때문이다. 그래서 새벽이 되면 많은 사람들이 밖으로 나와, 일하기 위해 소들에게 멍에를 씌운다.

그 후 엉겅퀴 꽃이 피고 매미가 나무 위에 앉아서 날개를 들썩이며 날카로운 울음소리를 계속해서 아래로 퍼부어대는 나른한 여름이 되면 노루는 가장 살이 많이 찌고, 포도는 가장 맛이 좋으며, 여자들은 가장 욕정이 이는 시기이지만 남자들은 가장 기력이 없는 때이다. 시리우스가 남자들의 머리와 무릎을 말라붙게 하고 열풍이 남자들의 몸의 기력을 떨어뜨리기 때문이다.[15] 그럴 때면 너는 바위의 그늘, 트라키아의 포도주, 젖을 뗀 염소의 우유와 보리빵, 아직 송아지를 낳지 않았으며 신선한 풀을 먹고 자란 암소의 고기 혹은 새끼 염소의 고기를 구해라. 그리고 그늘진 곳에 앉아

---

15) 시리우스가 보이는 날은 '개의 날'이라고 해서 일 년 중 가장 더운 날이다.

음식을 실컷 먹은 후에 얼굴을 서풍이 부는 쪽으로 향하고 적포도주를 마셔라. 포도주는 탁하지 않고 맑게 계속 솟아 나오는 샘물에서 물을 떠서 삼 대 일의 비율로 타서 마셔라.

거인 오리온[16]별이 나타나자마자 너의 하인들에게 데메테르의 성스러운 곡식은 바람이 잘 불고 바닥이 둥글게 다져진 곳에서 타작하도록 시켜라. 곡식은 저울로 정확하게 달아 통에 담도록 하여라. 그리고 모든 것을 집안에 제대로 비축한 이후에는, 내가 충고하는데, 가정이 없는 남자 종이나 아이가 없는 하녀를 하나 구해라. 아이를 낳은 여자는 귀찮기 때문이다. 또한 날카로운 이빨을 가진 개 한 마리도 구해서 도둑이 너의 재산을 훔치지 못하도록 먹이를 아끼지 마라. 소들과 당나귀를 일 년 동안 충분히 먹일 수 있도록 건초와 짚을 집으로 가져와라. 그런 다음에야 비로소 하인

■■■■■■■
16) 포세이돈의 아들로 아르테미스의 사랑을 받은 거인. 아르테미스가 오리온을 좋아한다는 얘기를 듣고 오빠 아폴론은 오리온을 죽일 생각으로 금색의 빛을 씌워서 보이지 않게 한 다음 멀리에서 아르테미스에게 다가오게 만들었다. 그런 다음 아르테미스에게 아무리 명사수라도 저 멀리 보이는 금색 물체를 쏘아 맞힐 수 없을 것이라고 비꼰다. 그러자 아르테미스는 화가 나서 멀리서 그 물체를 쏘아 맞히는데 나중에야 비로소 그 물체가 오리온임을 알고 그를 불쌍히 여겨 별자리로 박아주었다고 한다. 오리온 별자리는 그리스에서는 4월부터 6월까지는 보이지 않다가 타작하는 시기인 6월 말과 7월 초에 다시 나타난다.

들은 사지를 뻗고 쉴 수 있고, 소들은 마구를 벗을 수 있을 것이다.

이제 오리온과 시리우스가 하늘 한가운데 서고, 손가락이 빨간 에오스[17]가 아르크투로스에게 인사하면,[18] 페르세스야, 포도를 모두 수확해서 집으로 가져와서 열흘 낮과 밤을 햇볕에 펴서 말려라. 그런 다음 닷새 동안은 그늘에 놓았다가 엿새 되는 날에 기쁨을 선사하는 자인 디오뉘소스의 선물을 통에 채워라. 그리고 그 다음에 플레이아데스, 휘아데스[19] 그리고 거인 오리온이 지면 제때에 쟁기를 갈고 씨뿌릴 것을 생각하라.

---

17) 새벽의 여신이다.
18) 목동자리의 아르크투로스가 아침 일찍 뜨는 때는 9월 중순이다. 그 때는 오리온과 시리우스가 아침 하늘에 높이 떠 있다.
19) 아틀라스와 아이트라 사이의 딸들로 플레이아데스와는 의붓자매가 된다. 황소자리의 윗부분에 있는 이 별이 동쪽 하늘에서 떠오를 때부터 우기가 시작된다고 하여 '비의 히아데스'라는 말이 있기도 하다. 이때가 5월 말경의 새벽이 되는데, 히아데스가 저녁의 동쪽 하늘에서 떠오르는 11월 이후에는 우기가 끝난다. 히아데스는 플레이아데스가 진 직후에 진다. 본문에서는 11월 4일경을 가리킨다.

5. 항해

 정열적인 바다 여행을 할 욕망이 너를 충동질하면, 즉 플레이아데스가 거인 오리온 앞에서 사라져서 검은 바다 속으로 지면, 이제 온갖 바람이 격렬하게 불어올 테니 검은 바다 위에 배를 띄우지 말고, 내가 너에게 하라는 대로 정성스럽게 밭을 갈아라. 배는 육지로 잡아당겨 그 주변에 눅눅한 바람이 불어닥쳐도 끄떡하지 않을 돌들을 쌓아 고정시켜라. 그리고 배 밑바닥의 물구멍 마개도 제우스 신이 내려주시는 비에 맞아 삭지 않도록 빼두어라. 모든 삭구는 집에 잘 정돈해서 두고 바다를 헤치고 나아가는 배의 돛은 잘 접어두고, 매끈한 노는 연통에 걸어두어라. 그리고 출발하기에 적당한 때가 될 때까지 끈기 있게 기다려라. 그리고 그 때가 되면 비로소 너는 빠른 배를 바다에 띄우고, 어리석은 페르세스야, 벌써 나의 아버지이시자 너의 아버지께서 더 나은 삶을 위해 출항하신 것처럼, 이윤을 남기기 위해 배에 적당한 화물을 실어라. 언젠가 우리 아버지께서는 기나긴 바다 여행 끝에, 에올리아의 퀴메를 떠나 이곳으로 오셨다. 그건 분명히 풍요와 부와 번영으로부터 도망하신 것이 아니라 제우스 신이 인간들에게 내리신 쓰라린 가난으로부터 도망하신 것이다. 그 후 아버지께서는 헬리콘 산기슭 아스카라[20]에, 겨울에는 아주 춥고 여름에는 찌는 듯이 더운 전혀 기쁠 날이 없는 비참한 보금자리에 정착하셨다.

어쨌든 페르세스야, 너는 모든 일을 할 때, 특히 바다를 항해할 때는 적당한 때를 생각하라. 작은 배를 선호해라, 그러나 화물은 큰 배에 실어라. 화물이 크면, 바람만 도와준다면 더 많은 이윤이 남아 너의 재산이 더욱 불어날 것이기 때문이다.

네가 가난과 쓰라린 배고픔에서 벗어날 생각으로 무심코 항해하기로 결심했다면, 폭풍우가 많이 일어나는 바다에서 항해하는 원칙을 너에게 가르쳐주겠다. 물론 나는 항해와 배에 대해 대단한 식견을 가지고 있지는 않다. 나는 배를 타고 넓은 바다를 항해한 적이라곤, 언젠가 아카이아 인들이 폭풍우가 그치기를 기다리며 성스러운 그리스로부터 멋진 여자들로 가득 찬 트로이로 가기 위해 많은 병력을 집결시켜 놓았던 아울리스의 에우보이아로 간 일밖에 없기 때문이다. 나는 거기서 배를 타고 용감한 암피다마스[21]를 기리는 경연을 하기 위해 칼키스로 건너갔었다.[22] 그 영웅의 아들

20) 기원전 2세기 이전에 탑 하나만 빼고 사라진 마을이다.
21) 실제 살았던 전쟁 영웅이다.
22) 아울리스에서 칼키스까지의 실제 거리는 삼사백 미터밖에 안 되었다. 헤시오도스는 항해에 대한 자신의 좁은 식견을 반어적으로 표현하고 있다.

들은 이미 약속한 많은 상품들을 내놓았다. 나는 그때 노래 부문에서 우승자가 되어 손잡이가 달린 삼발이 우승컵을 받은 것이 자랑스럽다.[23] 바로 이 우승컵을, 나는 거기서 나에게 처음으로 밝은 노래의 길을 열어주었던 헬리콘 산의 무사이 여신들에게 봉헌하였다. 내가 비록 못질이 많이 나 있는 배에 대해서는 그 정도로밖에 알고 있지 못하지만, 나는 너에게 아이기스 방패를 흔드는 제우스 신의 뜻을 알려주고 싶다. 무사이 여신들이 내가 계속 노래 부를 수 있도록 나에게 노래를 가르쳐주었기 때문이다.

　모든 것을 쇠잔시키는 여름의 최정점 하지가 지나고 오십 일 후면 유한한 인간에게는 바다 여행을 하기에 가장 좋은 시기이다. 그때면 너는 난파를 당하지도 않을 것이고, 대지를 뒤흔드는 자인 포세이돈이나 신들의 왕인 제우스 신이 의도적으로 파멸시키려고만 하지 않으신다면 바다는 선원들을 삼키지 않을 것이다. 불행과 마찬가지로 행복에 대한 최종 결정은 그들의 손에 달려 있기 때문이다. 이제 바람은 잔잔하고, 바다는 위험하지 않다. 이제야 너는 아무 걱정 없이 바람을 믿고 빠른 배를 바다로 끌어내서 모든 짐을 싣고 가능하면 빨리 되돌아오기 위해 서둘러 출항할 수 있다.

---

23) 헤시오도스가 호메로스와 벌인 시인 경연대회를 암시한다. 그는 이 대회에서 호메로스를 이긴다.

햇포도주가 나올 때까지 기다리지 말고, 가을비와 다가오는 폭풍우 그리고 억수같이 쏟아지는 제우스 신이 내려주시는 가을비를 따라 불면서 바다를 휘저으며 위험으로 가득 채우는 무시무시한 남풍을 기다리지 마라!

  사람들이 항해를 할 수 있는 또 다른 때는 초봄에 까마귀들이 껑충껑충 뛰며 모래에 남긴 발자국만큼이나 조그마한 새싹들이 무화과 나뭇가지에서 비로소 움틀 때이다. 그때 우리들은 바다를 항해할 수 있다. 그때가 바로 봄에 항해할 때다. 그러나 나는 이때 하는 항해를 좋아하지 않는다. 이것은 너무 급하게 서두른 항해가 될 수 있기 때문이다. 그래서 위험이 닥치면 빠져나오기가 아주 힘들 것이다. 하지만 사람들은 이것을 무시하고 항해를 감행한다. 불쌍한 인간들의 영혼은 돈과 재산에만 사로잡혀 있기 때문이다. 하지만 파도에 휩쓸려 죽는 것은 끔찍하다. 그래서 나는 내가 말한 이 모든 것을 고려하라고 너에게 경고한다. 배 안에 전 재산을 싣지 말고, 대부분은 집에 남겨두고 단지 일부분만 실어라. 파도가 이는 바다에서 너에게 불행이 닥치면 끔찍할 것이다. 물론 네가 마차에 짐을 너무 많이 실어도 마찬가지다. 그러면 마차 축이 부서지고 짐은 망치게 된다. 정확한 시점을 주의해라. 모든 일을 하는 데는 정확한 시점이 가장 중요하다.

제3부

이웃과 신에 대한 올바른 행동

적당한 나이에 결혼할 여자를 집으로 데려와라. 그 시기는 네가 서른에 아주 가깝거나, 서른을 훨씬 넘어서지 않았을 때이다. 그때가 결혼하기에 적당하다. 그러나 여자는 혼기에 이른 지 사 년이 지난 뒤 오 년째 되는 해에 결혼을 해야 한다.[1] 네가 올바른 품행을 가르칠 수 있는 여자만을 택해라. 너의 이웃에 살고 있는 여자와 결혼하는 것이 가장 좋다. 하지만 이웃의 웃음거리가 되지 않기 위해 그 여자의 주변을 잘 살펴보아라. 남자는 좋은 아내를 얻는 것보다 더 좋은 것이 없고, 나쁜 아내, 즉 탐식하는 아내를 얻는 것보

---

1) 사춘기가 지난 뒤 4년을 말한다.

다 더 끔찍한 것이 없다. 탐식하는 아내는 남편이 아무리 강해도 횃불 없이도 남편을 그을려서 일찍 늙게 만든다.

성스러운 신들의 감시를 두려워해라. 친구를 피를 나눈 형제처럼 생각하지 마라. 그러나 만약 형제처럼 생각했다면 친구에게 먼저 모욕을 가하지 마라. 친구에게 맞장구를 치기 위해 거짓말하지 마라. 물론 그가 너에게 먼저 모욕적인 말을 하거나 고통을 주면 그것을 잊지 말고 두 배로 갚아주어라. 그리고 그 후 그가 먼저 다시 너의 친구가 되기를 원하고 진심으로 용서를 구하면 그것을 받아들여라. 친구들을 계속 바꾸는 사람은 가치 없는 사람이다. 그러나 너는 겉과 속이 다른 인간이 되어서는 안 된다. 너무 환대한다는 말이나 불친절하다는 말을 듣지 않도록 해라. 나쁜 사람들의 패거리가 되지 말고 정직한 사람들을 비방하는 자도 되지 마라. 지독한 가난에 쪼들리는 사람을 비난하는, 위신 떨어뜨리는 행동은 하지 마라. 가난은 불멸의 신들이 내리시는 법이다. 사람들에게 최고의 보물은 혀를 아껴 사용하는 것이다. 혀를 적당하게 사용하는 사람은 가장 많은 인기를 끌 것이다. 그러나 네가 나쁜 말을 하면 곧 그보다 더 나쁜 말을 들을 것이다. 많은 손님들이 참석하고 있는 향연에서는 비사교적이면 안 된다. 사교에서는 대부분 즐거운 일이 생기지, 잃는 것은 거의 없다.

아침에 손을 씻지 않고 제우스 신에게 붉게 빛나는 포도주를 바치지 마라. 제우스 신뿐 아니라 다른 불멸의 신들에게도 마찬가지이다. 그렇게 하면 신들이 너의 말에 귀를 기울이지 않으시고 너의 기도를 경멸하실 것이기 때문이다. 서서 해를 보고 방뇨하지 마라. 방뇨는 해가 진 후나 해가 뜨기 바로 직전에 하는 것을 잊지 마라. 그러나 길을 가다가 길 위나 길 옆에 방뇨하지 않도록 주의하고 벌거벗지도 마라. 밤은 신들의 것이기 때문이다. 사람이 해야 할 도리를 아는 신실한 사람은 웅크리고 앉아서 일을 보거나 농가를 둘러싸고 있는 담 쪽으로 가서 일을 본다. 정액으로 축축한 성기를 집이나 부뚜막 근처에서 꺼내지 마라. 그리고 불길한 무덤을 지나 왔을 때는 성교하지 말고 신들에게 제를 올린 후에만 하라.

물결을 보며 기도하고 손을 사랑스럽고 깨끗한 물로 씻기 전에는 아름답게 출렁이며 하염없이 흘러가는 강을 건너지 마라. 부정하고 깨끗하지 못한 손을 하고 강을 건너는 사람에게 신들은 격노하고 나중에 그에게 고통을 안겨주신다. 즐거운 신들의 향연이 있을 때는 번쩍거리는 가위로 다섯 손가락에서 손톱을 깎지 마라.[2]

---

2) 우리나라에서도 저녁에 손톱을 깎으면 안 된다는 믿음이 있다.

포도주 축제에서 포도주에 물을 탈 때 쓰는 단지 위에 포도주 국자를 올려놓지 마라. 그 위에는 재앙이 서려 있기 때문이다. 집을 지을 때는 까악까악 울어대는 까마귀가 그 위에 앉아서 시끄럽게 하지 않도록 석회 반죽을 바르도록 하여라. 신성하지 않은 물 단지[3]에서는 마시거나 씻기 위해 물을 푸지 마라. 거기에도 재앙이 깃들어 있기 때문이다. 열두 살배기 사내아이를 신성한 것[4] 위에 앉히지 마라. 그것은 좋지 못하고 더군다나 남자들을 남자답지 못하게 만들기 때문이다. 열두 달이 된 사내아이도 신성한 것 위에 앉히지 마라. 그것도 똑같은 이유에서다. 또한 남자는 여자의 목욕물로 씻어서는 안 된다. 그러면 나중에 위험한 재앙이 따르게 된다. 타고 있는 제물 앞에 오거든, 그것에 대해 트집 잡지 마라. 신들은 너의 이런 행동을 나쁘게 볼 것이다. 바다 쪽으로 흐르는 강물에 일을 보지 마라. 샘물에도 절대로 그러지 말아라.[5] 그런 짓은 절대로 피하라. 거기에 또한 용변도 보지 마라. 그러면 너에게 좋지 않은 일이 일어나기 때문이다. 내 말대로 해라. 그래서 사람들의 나쁜 평판을

---

3) 삼발이와는 달리 발이 하나밖에 없는 단지를 말한다.
4) 화로, 제단, 묘비 등을 말한다.
5) 샘물에는 샘의 요정이 살고 있다고 여겨져서 오늘날도 많은 그리스인들은 신성하게 여긴다.

피하라. 나쁜 평판은 사악한 것이어서, 사람들은 그것을 얻기는 정말 식은죽 먹기로 쉬워도, 그것을 불식시키기는 어려워서 많은 고생을 하게 된다. 사람들이 한번 퍼뜨린 소문은 절대로 완전히 사라지지 않기 때문이다. 소문은 그 자체가 일종의 신과 같은 존재다.

제4부

노동과 나날

　제우스 신이 보내주시는 날들의 의미를 꼼꼼하게 새기고 하인들에게 그것을 적절하게 가르쳐라. 우선 매달 30일은 일을 점검하고 보급품을 나누어주기 가장 좋은 날이다. 또한 다음에 말하는 날들도 우리가 그 의미를 잘 알고 그대로 따르면 충고를 나누어주시는 제우스 신이 축복을 내려주신다. 첫째, 1일과 4일과 7일은 성스러운 날이다. 특히 7일에 레토는 황금 검의 주인인 아폴론을 낳았다. 8일과 9일도 마찬가지로 성스러운 날이다. 달이 차오르기 시작하는 이 두 날은 인간들이 어떤 일을 해도 적합하다. 11일과 12일도 양털을 깎고 상큼한 농작물을 수확하기에 아주 적합한 날들이다. 그러나 12일이 11일보다 훨씬 더 좋다. 이날의 한낮에 거미는 공중을 가로질러 떠다니며 집을 짓고, 영리한 개미는 식량을 저장하기 때문이다. 그러니까 이때 여자들은 베틀을 놓고 일을 시작하라.

달이 상현달의 모양을 띠는 13일은 피해 파종을 시작하라. 물론 그날은 어린 묘목을 옮겨심기에는 가장 좋은 날이다. 그에 비해 16일은 어떤 식물들도 심기에는 아주 해롭지만 사내아이를 낳기에는 아주 적합하다. 물론 이날은 여자아이를 낳기에도 그리고 결혼을 하기에도 좋지 않다. 또한 6일은 여자아이들의 생일로는 아주 좋지 않은 날이다. 그러나 이날은 숫염소의 털을 깎거나 양의 털을 깎고 짐승의 울타리를 치기에는 좋은 날이다. 또한 이날은 사내아이가 태어나기에는 좋지만, 이날 태어난 아이는 아마 남의 마음을 아프게 하는 말과 거짓말과 아첨 그리고 비밀스러운 대화를 좋아할 것이다.

8일에는 수퇘지와 큰 소리로 울부짖는 황소를 거세하고, 부지런히 일하는 노새는 12일에 거세하라.

위대한 20일에는 한낮에 현명한 남자가 태어난다고 한다. 그런 사람은 아주 영리한 머리의 소유자가 될 것이다. 10일도 사내아이가 태어나기에 좋은 날이다. 그러나 여자아이가 태어나기에는 매달 14일이 적당하다. 이날에는 또한 양이나 발을 질질 끄는 뿔이 굽은 소, 그리고 이빨이 날카로운 개와 억센 노새를 손으로 때려가면서 길들여도 괜찮다. 그러나 너의 마음을 걱정으로 여위게 하는 4일과 24일은 피하도록 주의해라. 이날들은 불행으로 점철된 날들이기 때문이다.

아내를 맞이할 때는 매달 4일에 하라. 그러나 이 일을 하기 위해서는 가장 좋은 때임을 알려주는 새들의 신호[1]에 주의하라.

5가 들어 있는 날은 피하라. 왜냐하면 이런 날들은 좋지 않고 위험하기 짝이 없기 때문이다. 특히 5일은 에리뉘에스[2]가, 위증자들에게 재앙을 내리기 위해 에리스[3]가 낳은 맹세의 출생을 도왔던 날이라고 한다.

데메테르의 성스러운 곡식은 매달 17일에 둥글게 다진 탈곡장에서 아주 조심해서 까불러라. 그리고 이날에 목수는 방을 만들기에 필요한 대들보로 쓰기에 좋을 나무를 베고, 배를 만들기에 적합한 나무들도 베라. 그러나 빠른 배는 4일에 건조하기 시작하라.

매달 19일의 저녁 무렵은 행복한 시간이다. 달이 차오르기 시작하는 매달 9일은 사람들에게 전혀 고통이 없는 날이

---

1) 새를 보고 길흉을 점치는 것이 그 당시에 상당히 퍼져 있음을 암시한다. 매달 4일에 아내를 맞이하는 것이 좋지만 어떤 달이 좋을지는 새들의 암시를 보고 선택하라는 뜻이다.
2) 복수의 여신이다.
3) 불화의 여신이다. 맹세는 에리스의 자식이다.

다. 이날은 남자와 여자를 수태하고 낳기에 아주 좋다. 이 날은 절대로 불행을 초래하지 않는다.

27일은 포도주통을 열기에, 소들과 나귀와 발 빠른 말의 목덜미에 멍에를 올려놓기에, 그리고 빠른 배를 포도주 색깔의 바다에 출항시키기에 가장 좋은 날이라는 사실을 알고 있는 사람은 아주 드물다. 아주 적은 사람들만이 그날의 의미를 제대로 알고 있다.

4자가 들어 있는 날에도 포도주통을 열어라. 그 중에서 14일이 특히 축복받은 날이다. 24일에는 이른 아침이 포도주통에 열기에 가장 적합한 때라는 것을 아는 사람은 별로 없다. 그러나 이날 저녁 무렵은 포도주통을 열기에 좋지 않다.

위에서 언급한 날들이 대지에 사는 인간들에게는 큰 축복이다. 다른 날들은 이날들 사이에 끼어서 해도 끼치지 않지만 전혀 아무런 도움도 주지 않는다. 누구나 어떤 특정한 날을 내세우지만, 그날의 성격을 제대로 알고 그러는 사람은 드물다. 따라서 그날은 어떤 때는 우리에게 계모가 되기도 하고, 어떤 때는 우리에게 친어머니가 되기도 한다. 이 모든 것을 알고, 행동할 때 마음에 간직하여, 신들에게 불경을 저지르지 않으며, 새들의 암시를 분별하여 그것을 어기지 않는 사람은 행복하고 축복받은 사람이다.

작품 해설
정의의 구현과 노동의 신성함

1

헤시오도스는 정확한 연대는 알 수 없으나 기원전 740년에서 670년 사이에 살았던 것으로 추정되며 아마도 기원전 720년경에 음유 시인으로 활동했던 것 같다. 호메로스의 작품들이 대부분 기원전 8세기 후반에 나온 것이기 때문에 헤시오도스는 호메로스와 십 년 내지 이십 년쯤 같이 활동한 것으로 볼 수 있다. 헤시오도스는 「노동과 나날」에서 자신의 가족사를 단편적으로 소개하고 있다. 이처럼 작품 속에 자신의 전기를 단편적으로나마 기록하고 있는 작가는 세계문학사상 헤시오도스가 처음이다. 그것에 따르면 헤시오도스의 아버지는 소아시아의 퀴메에서 그리스로 이주하여 보이오티아의 테스피아이에 있는 조그만 마을 아스카라에 정착했다. 그는 거기서 농부와 장사꾼으로서 열심히 돈을 벌어 상당한 땅을 소유하게 되었으며 헤시오도스 이외에 페르세스라는 아들을 두었다. 헤시오도스는 젊었을 때엔 헬리콘 산의 기슭에서 양치기 노릇을 하기도 하였으나 아버지가 죽은 후엔 물려받은 땅을 경작하며 열심히 살았다. 헤시오도스는 아버지처럼 노동을 좋아하고 성실했지만 페르세스는 노동을 싫어하고 게을렀다. 그렇기 때문에 페르세스는 충분히 상속을 받고도 재산을 탕진한 후 재판관을 매수하여 상속 분쟁을 일으켜 헤시오도스를 괴롭혔다.

헤시오도스는 「노동과 나날」에서 한낱 목동에 불과한 자신에게 헬리콘 산의 무사이 여신들이 시인으로서의 소명을 주었노라고 쓰고 있다. 따라서 헤시오도스가 시인의 길에 접어든 것은 헬리콘 산에서 목동 노릇을 할 무렵 만난 방랑하는 음유 시인을 통해서였던 것 같다. 그의 대표 작품은 「노동과 나날」 이외에 「신통기」가 있다. 「신통기」의 마지막을 보면 우리는 그가 신들과 인간 여성들과의 결합을 다룬, 또 다른 책을 썼을 것이라고 추측할 수 있다. 이 책은 헬렌 족의 세 가계로 이어지는 최초의 인간들을 서술한 것인데, 「여인들의 목록」이라는 제목으로 그 일부가 전해지고 있으며, 「헤라클레스의 방패」라는 작품도 일부가 남아 있다.

특히 헤시오도스는 시인 경연대회에서 호메로스를 이긴 것으로 알려져 있다. 헤시오도스는 「노동과 나날」에서 칼키스에서 벌어진 영웅 암피다마스를 기리는 시인 경연대회에서 우승하여 상품으로 받은 삼발이를 무사이 여신에게 바쳤다고 술회하고 있는데, 학자들은 이 경연대회에서 헤시오도스가 「신통기」의 일부분을 낭독했을 것으로 추측하고 있다.

오르코메노스에는 비문이 있는 그의 묘가 있으며, 테스피아이 시장에는 그의 입상이 세워져 있다.

2

헤시오도스는 첫 작품 「신통기」에서 그 당시까지 사람들의 입으로 단편적으로만 전해 내려오던 복잡한 신들의 계보를 그리스 문학사상 최초로 그리고 서양 문학사상 최초로 체계적으로 정리하고 있다. 그러나 그는 신들의 가계를 족보처럼 단지 시간의 흐름에 따라 연대기적으로 정리하고 있지는 않다. 「신통기」의 가장 큰 특징은 신들의 가계를 정의의 구현이라는 특정한 관점에서 서술하고 있다는 점이다. 헤시오도스에 의하면 제우스의 할아버지인 우라노스나 아버지 크로노스는 노쇠해서가 아니라, 우라노스는 자기 아내 가이아에게, 크로노스는 자기 아버지 우라노스와 자식들에게 불의를 저질렀기 때문에 권좌에서 밀려날 수밖에 없었으며, 마지막에 제우스가 신들과 인간들의 왕으로서 최고의 신으로 우뚝 서게 되는 것은 그가 그야말로 정의로운 신이었기 때문이다. 따라서 「신통기」에서 제우스가 티탄 신족들과 벌이는 전쟁은 자신의 권력욕과 야심을 채우기 위한 추악한 전쟁이 아니라 불의에 대항해서 싸우는 정의로운 전쟁으로 그려진다. 그렇기 때문에 「신통기」에서 모든 이야기는 그런 정의로운 제우스가 모든 갈등을 아우르며 난공불락의 확고한 권력 체계를 갖추게 되는 부분에 그 초점이 맞추어져 있으며, 이 부분 또한 거의 정확히 「신통기」의 중앙 부분을 이루고 있다. 이 점에서 바로 헤시오도스의 「신통기」는 신화를 넘어서 도덕적인 교훈서의 역할을 하고 있다.

「신통기」가 보여주고 있는 또 하나의 특징은 사랑의 신 '에로스'를 '카오스'나 '가이아' 처럼 태초부터 있었던 원초적인 존재로 보고 있다는 것이다. 헤시오도스에 의하면 태초의 '카오스'와 '가이아'에게서 모든 신들이 나왔지만, 그것은 모든 것을 생성하게 하는 원초적인 힘인 '에로스'가 없었다면 불가능했다. 헤시오도스는 '아프로디테' 또한 크로노스에 의해 잘린 '우라노스'의 남근이 바다에 떨어져 생긴 거품에서 생겼다고 말하고 있다. 그리고 그 후 '아프로디테'가 신으로 승격되자 자연스럽게 '에로스'가 그녀를 따라다니기 시작했다고 쓰며 아프로디테와 에로스를 자연스럽게 연결하고 있다. 이 사실에 대해서 그 이후의 해석은 두 갈래로 나누어진다. 하나는 두 개의 에로스를 인정하는 것이고 하나는 태초의 에로스를 언급하지 않는 입장이다.

「신통기」가 나온 지 삼백여 년 이후에 쓰인 플라톤의 「향연」에도 이 두 가지 입장이 나타난다. '에로스에 대하여'라는 부제를 붙인 이 책을 보면 '에로스'에 대해 여러 철학자가 토론을 하는데, 그중 파이드로스는 하나의 에로스만을 이야기하는 데 비해, 파우사니아스는 '아프로디테'나 '에로스'가 원래 둘이었다고 말하고 있다.

그 이후의 신화학자들도 에로스에 대해 이와 비슷한 입장을 취하고 있다. 하나는 두 개의 에로스를 상정하여 태초의 '에로스'는 모든 것을 결합시키는 정신적인 힘에 불과했으며 납 화살과 황금 화살을 들고 다니며 사람들을 열병에 걸리게 하는 장난꾸러기 인격신인 또 다른 에로스는 제우스 세대에야 비로소 나타난다고 쓰고 있다. 다른 하나는 아예 처음부터 이 태초의 에로스에 대한 얘기를 빼고 신화를 기술하는 입장이다. 그리하여 어떤 책에는 '아프로디테'는 제우스가 '디오네'와 사랑을 하여 낳은 자식으로, '에로스'는

'아프로디테'가 '아레스'와의 외도로 낳은 자식으로 기술되어 있다. 하지만 이런 설명은 헤시오도스의 「신통기」를 감안하면 뭔가 옹색해 보인다.

우리는 여기서 이 모순을 말끔하게 해명할 수도 없고 그럴 필요도 없을 것이다. 원래 신화는 언제나 많은 모순을 내포하고 있는 것이기 때문이다. 다만 분명한 사실은 '에로스'와 '아프로디테'가 하나냐 아니면 둘이냐를 떠나 헤시오도스가 말하고 있는 내용이 우리에게 더 큰 호소력을 갖고 있다는 점이다. 과연 태초에 사랑이 없었다면 만물이 생성될 수 있었을까?

이처럼 「신통기」와 그 이후의 설명이 다른 부분은 '헤스페리데스'의 경우도 마찬가지다. 「신통기」에서 헤스페리데스는 '눅스'의 딸로 기술하고 있지만 그 이후의 다른 책에서는 '아틀라스'의 딸로 묘사되고 있기 때문이다. 그러나 '아프로디테'와 '에로스'의 이야기나 '헤스페리데스'는 「신통기」 내에서는 전혀 문제가 되지 않는다. 그들의 출생에 대한 다른 해석이 작품 내가 아니라 헤시오도스 이후에 나온 책에 서술되고 있기 때문이다. 그러나 「신통기」 내에서 내용상 모순을 이루는 것도 있다. 그것은 '눅스'의 자식이었던 '모이라이'가 나중에는 제우스와 '테미스'의 자식으로 묘사되고 있는 데서 드러난다.

헤시오도스 이후에 아프로디테가 '디오네'와 제우스의 딸로, 에로스는 아프로디테의 아들로, 모이라이도 제우스와 테미스의 딸로 자리매김하게 된 것은 그리스 원주민들의 토착신들을 정복한 이방 민족의 신 제우스의 권력 체계로 그들을 끌어들이는 과정 속에서 생긴 모순이 아닐까?

3

헤시오도스는 두 번째 작품 「노동과 나날」에서도 우선 「신통기」의 주 테마인 정의의 구현이라는 이념을 계속 이어가고 있다. 그러나 이 작품에서는 정의 못지않게 노동 또한 중요한 개념으로 등장한다. 헤시오도스는 세상의 생성과 신들의 질서를 언급한 후에 이제 시선을 인간의 삶으로 돌릴 필요성을 절감하게 되었다. 그래서 그는 이 작품을 통해 인간이 개인적으로나 공적으로 살아갈 때 정의와 노동이 얼마나 중요한지를 설파하고 있다. 헤시오도스가 이 작품을 집필하게 된 배경은 형제 페르세스가 상속하여 자신과 나눈 아버지의 재산을 탕진하고 재판관들과 결탁하여 부당하게 자신의 재산을 빼앗으려고 일으킨 상속 분쟁이다. 그렇기 때문에 이 작품은 게으르고 부정한 페르세스라는 형제에게 부지런하고 정의롭게 살라고 권고하고 훈계하는 형식으로 되어 있다. 하지만 이 작품은 헤시오도스의 슬픈 가족사를 뛰어넘어 인간 모두에게 적용될 수 있는 보편적인 내용을 담고 있다.

헤시오도스는 먼저 불화의 여신 '에리스'가 두 종류가 있음을 강조한다. 하나는 그야말로 전쟁과 불화만을 조장하는 '악한 에리스'고, 또 하나는 경쟁심을 불러일으켜서 게으른 사람도 열심히 일하게 하는 '선한 에리스'다. 그런 다음 그는 인류가 낙원에서 추방되어 지상에서 고통을 받게 된 내력을 설명한다. 그에 의하면 제우스 신은 프로메테우스 때문에 인간에게 형벌을 내렸다. 프로메테우스가 신들에게 제물을 바칠 때 '악한 에리스'에게 충동질당하여 신들을 속였을 뿐 아니라, 제우스 몰래 불까지 훔쳐 인간에게 가져다주었기 때문이다. 그리하여 인간은 낙원에서 쫓겨나 식량을 얻기 위해 노동을 해야 되었으며, 제우스의 뜻에 따라 흙으로 빚어진 최초의 여성 판도라는 악의 화신으로 인간의 고통을 배가시킨다. 특히 헤시오도스는 인류의 시대를 낙원이었던 '황금 시대'를 비롯하여, '은의 시대, 청동 시대, 영웅 시대, 철기 시대' 등 다섯 시대로 나누면서, 인간은 황금 시대 말기 프로메테우스의 범죄 이후 세월이 흐르면서 더욱 악하게 되어 자기가 살고 있는 철기 시대는 부정과 속임수가 난무하고 형제뿐 아니라 부모와 자식 간에도 서로 으르렁거리는 시대라고 말하며 한탄한다. 그러면 인간은 이런 재앙으로부터 피할 길은 없을까? 헤시오도스에 의하면 그 해결책은 바로 정의의 구현과 노동이다. 그에 의하면 정의와 노동은 부와 풍요와 번영을 약속해 주며 원죄에서 벗어나도록 도와주지만 불의와 게으름은 가난과 궁핍과 빈곤을 야기한다.

우선 정의는 전지전능한 제우스의 뜻과 일치한다. 이미 언급한 바대로 제우스는 정의를 기반으로 세계 질서를 잡은 신으로서 모든 신들과 인간들 위에 군림하고 있기 때문이다. 그리하여 그는 선한 자가 보상을 받고 부정을 저지른 자는 벌을 받도록 한다. 그리고 제우스 신으로부터 인간에게 정의를 중개해 주는 자는 정의의 여신 '디케(Dike)'이다. 따라서 「노동과 나날」에는 '디케'의 이름이 아주 자주 인용되고 있다.

「노동과 나날」에서 인간의 노동은 한편으로는 프로메테우스에 의해 저질러진 인류의 불의에 대한 제우스의 형벌이다. 그러나 다른 한편으로 보면 노동은 인간의 생존을 위한 필수적인 요건이다. 따라서 헤시오도스에 의하면 성실하게 일하는 자는 궁핍한 생활에서 벗어날 수 있는 물질적인 풍요를 이룰 수 있고 신의 마음에도 흡족하겠지만, 일은 하지 않고 태만한 자는 신들을 화나게 해서 가난과 치욕을 면치 못하게 될 것이다. 그래서 헤시오도스는 서양사에서 최초로 인간의 행복은 피비린내 나는 생존 경쟁이 아니라 성실한 노동에 있다고 강조한다. 그는 노동이 인간의 궁핍함을 극복하게 해줄 것이라는 교훈으로 고대에는 경멸했던 노동의 신성함을 찬양하고 있다. 헤시오도스 이후에는 기독교인들이 비로소 일하는 사람들을 존중하고 신의 뜻이 노동에 있다고 보았을 뿐이다. 이런 헤시오도스의 생각은 우리에게 막스 베버의 「프로테스탄트의 윤리와 자본주의」를 연상케 한다.

그런데 헤시오도스에 의하면 노동에는 계획과 적당한 시기가 필요하다. 그래서 그는 「노동과 나날」에서 계절에 필요한 일들 뿐 아니라 각 날들에 적합한 일들을 정리하고 있다. 다시 말한다면 노동하는 데 필요한 월력과 일력을 꼼꼼하게 정리하고 있는 것이다. 그래서 「노동과 나날」이라는 책 제목도 이 책 마지막 부분에 있는 일력 때문에 그렇게 붙여진 것이라고 생각한다.

특히 헤시오도스의 「노동과 나날」은 그를 호메로스와 뚜렷하게 구분지어 주는 작품이다. 호메로스의 작품들을 보면 귀족들이나 영웅들이 그 대상이 되고 있지만 이 작품은 농민들을 대상으로 하고 있기 때문이다. 따라서 호메로스를 읽은 사람이라면 헤시오도스에게서는 다른 세계에 와 있다는 느낌을 받는다. 헤시오도스가 이런 서민적인 작품을 쓸 수 있었던 것은 그가 자라난 개인적 환경이 상당한 역할을 하고 있을 것이다. 그는 가난한 이주민의 아들로서 몸소 여러 애환을 겪었기 때문이다. 그러나 비록 보잘것없는 사람들이나 농부들이나 목동들이나 수공업자들의 삶에 대해 썼을지라도 헤시오도스가 혁명적이었던 것은 아니다. 그의 작품 「노동과 나날」에는 귀족에 적대적인 언급은 전혀 없으며, 대상으로 하고 있는 농민은 가축이나 배뿐 아니라 노예까지 소유한 상당히 부유한 농민이다. 기껏해야 그는 귀족들의 속물 근성을 비판하며, 단지 전해 내려오는 질서의 규범인 신에 대한 경외심이나 정의와 노동의 중요성을 강조하고 있을 뿐이다.

4

헤시오도스의 「신통기」와 「노동과 나날」을 통해 우리가 알 수 있는 또 하나의 중요한 사실은 당시 그리스에 팽배해 있던 여성에 대한 왜곡된 시각이다. 여성에 대한 그 당시의 시각은 간단하게 말해 지극히 가부장적이다. 그것은 「신통기」에 그려져 있는 크로노스와 제우스의 자식에 대한 태도만 보아도 알 수 있다. 우라노스는 레아가 자식을 낳자마자 가이아의 저주대로 자식들에 의해 권력을 잃을까 봐 자식들을 잡아먹는다. 이후 크로노스를 권좌에서 밀어낸 제우스도 메티스가 낳을 아들이 자신의 권좌를 차지할 것이라는 얘기를 듣고 임신한 그녀를 작게 해서 잡아먹는다. 그 후 시간이 흘러 머리가 깨어질 듯 아픈 제우스는 아들 헤파이스토스를 시켜 자신의 머리를 도끼로 치게 하는데, 그 머리 속에서 아테나 여신이 완전무장을 하고 나타난다. 그 후 아테나 여신은 아버지 제우스의 충실한 종복이 되어 다른 자식들은 아버지를 배반해도 한번도 아버지의 뜻을 거스르지 않는다.

조지프 캠벨이나 카를 케레니 등 신화학자들은 그리스 신화를 모계 중심 사회가 부계 중심 사회로 옮겨가면서 형성된 것으로 본다. 그들에 의하면 그리스 신화는 가부장적 사회 구조를 지닌 아카이아 족이나 이오니아 족 그리고 도리아 족 등 인도 유럽 어족이 평화롭던 모계 중심의 그리스 반도를 정복하면서 전개된 것으로, 가부장제를 받쳐주는 이데올로기이다. 따라서 그리스 신화 속 여신이나 여성상은 강력한 아버지 제우스 신을 정점으로 한 가부장제에 의해 많은 점에서 왜곡되어 왔다.

제우스의 정실 부인 헤라는 아카이아 족 등을 비롯한 인도 유럽 어족들이 남하하기 전에는 원래 그리스 반도의 원주민들 사이에서 모든 신들을 아우르는 고결하고 위대한 여신으로 추앙받았다. 그러나 그리스 신화에서는 그녀는 제우스의 아내가 되어 한낱 가정의 수호신으로 전락한다. 게다가 그녀는 위풍당당했던 여신의 모습은 잃어버리고 남편 제우스에게 꼼짝 못하는 질투의 화신으로 그려져 있다. 따라서 그녀는 수없이 바람을 피워대는 남편 제우스에게는 한마디도 못한다. 기껏해야 제우스의 상대자였던 이오 등 숱한 여인들이나 헤라클레스처럼 남편의 외도로 태어난 자식들만 괴롭힐 뿐이다. 앞서 말한 아테나도 학자들에 의하면 제우스보다도 훨씬 오래된 여신이었다. 그러나 제우스처럼 강력한 아버지를 중심의 가족 제도를 지닌 이민족이 내려오면서 한낱 제우스의 딸, 그것도 제우스의 머리에서 태어난 아버지의 딸로 그려지고 있다는 것이다.

  그리스 반도에 침입해 온 이민족의 가부장제는 여신뿐 아니라 여성들의 모습도 왜곡시켰다. 특히 이런 남성 중심의 사회를 대표하는 영웅들의 모험에서 여성들은 모두 영웅들의 모험을 지연시키고 방해하는 유혹자로 등장하며 영웅들에 의해 극복되어져야 할 위험물로 간주된다. 특히 테세우스, 헤라클레스, 아킬레우스 등 거의 모든 영웅들이 여인들만 사는 용맹스러운 아마존 종족을 정복하거나 그 종족의 여왕을 납치해 오거나 죽인다는 사실은 우리에게 시사하는 바가 크다. 이뿐만 아니라 그리스 신화에서 여자들은 제물이나 서로 나누어 가질 수 있는 물건처럼 치부된다. 그렇기 때문에 트로이 전쟁에서 그리스군의 총사령관이었던 아가멤논은 바람이 불지 않아 군함들이 트로이로 출항을 하지 못하게 되자, 자신의 딸 이피게네이아를 아르테미스 여신에게 제물로 바쳐 그녀의 분노를 풀어주며, 트로이 전쟁이 끝난 후 트로이 왕가의 여인들은 모두 그리스 장수들에게 배분되어 성의 노리개가 된다.

  헤시오도스도 여성에 대해 이런 가부장적인 입장을 강력하게 견지하고 있다. 그의 두 작품을 보면 태초에 인간은 남성뿐이었다. 최초의 여성 판도라는 인간에게 고통을 주기 위해 나중에 만들어진다. 이것은 마치 이브가 아담이 만들어진 뒤 그의 갈비뼈로 만들어지는 것과 유사하다. 제우스는 자신의 불을 훔쳐다 준 프로메테우스가 미워 인간에게 벌을 주고 싶었다는 것이다. 결국 판도라는 항아리를 열어 선악과를 따먹은 성서의 이브처럼 이 세상의 고통의 씨앗이 된다. 그는 또한 여자를 믿는 것은 도둑을 믿는 것과 같다고 말하고 있으며, 여자를 일은 하지 않고 빈둥빈둥 놀면서 일벌들이 마련해 오는 양식들을 뱃속에 쑤셔 넣기만 하는 수벌로 비유하며 비하한다.

5

헤시오도스의 「신통기」와 「노동과 나날」은 호메로스의 작품들과는 달리 그에 의해 직접 쓰였다는 것은 틀림없는 사실이며 여기에는 이론의 여지가 없다. 더군다나 「노동과 나날」에는 작품을 쓰고 있는 사람이 자신 헤시오도스임을 실명으로 밝히고 있기까지 하다. 그러나 그의 이 두 작품은 그의 독창적인 창조물만은 아니다. 그의 작품 속에는 다른 나라의 신화나 그보다 먼저 살았던 고대 그리스 시인들의 영향이 녹아들어 있다.

우선 메소포타미아를 중심으로 한 동양의 영향을 관찰할 수 있다. 그리스에 동양의 문물이 들어온 것은 기원전 2000년경, 즉 뮈케네 시대로 거슬러 올라간다. 그 당시 동양의 문물은 그리스로 물밀듯이 흘러들어 왔다. 그러던 것이 한동안 뜸하다가 헤시오도스가 살던 8세기에 그리스는 또 한 번 동양 문물의 홍수를 이루게 되었다. 경로는 다양했다. 그 당시 그리스 인들은 해상무역을 통해 아프리카 연안의 소도시들이나 이집트 그리고 서부 아시아 등으로 나아갔다. 특히 서쪽의 소아시아는 동양과 서양이 만나는 접점이었고 크레타와 에우보이아도 동양과 그리스의 교량 역할을 하였다. 또한 보이오티아는 무역을 위해 페니키아 인들이 자주 배를 타고 등장했던 에우보이아의 칼키스를 거쳐 알파벳 문자를 받아들이기도 했다.

　따라서 세상의 생성에 대한 동양의 생각이 그리스 인들에게 영향을 준 것은 상상할 수 있다. 헤시오도스에게 끼친 아시아의 영향은 아마도 최초의 여성 판도라나 지상에서의 악의 생성에 관한 신화에서 엿볼 수 있다. 특히 제우스와 튀포에우스의 싸움은 메소포타미아 신화에서는 '마르둑(Marduk)'의 '티아마트(Tiamat)' 와의 싸움을, 히타이트 신화에서는 커다란 용 '일루얀카스(Ilujankas)' 와 '기후의 신' 과의 싸움을 연상시킨다. 또한 작품 속에 나타나는 시인으로서의 소명 의식은 모세의 예언자로서의 소명 의식과 비견될 수도 있다.

　더군다나 히타이트의 신화에는 헤시오도스의 '우라노스-크로노스-제우스' 의 관계와 거의 일치하는 이야기가 내려오고 있다. '알랄루(Alalu)' 는 하늘의 왕으로 강력한 '아누(Anu)' 의 시중을 받고 있었다. 그러나 구 년이 지난 뒤 '아누' 는 '알랄루' 와 전쟁을 벌여 승리한 후 권좌에 앉고, '알랄루' 는 지하 세계로 도망간다. 그런데 이 '아누' 에게 다시 강력한 '쿠마르비(Kumarbi)' 가 시중을 들었다. 그러나 또 구 년이 흐른 뒤에 '쿠마르비' 는 '알랄루' 대신에 '아누' 와 전쟁을 벌인다. 전쟁에서 패배한 '아누' 가 도망가자 '쿠마르비' 는 그를 뒤쫓아가서 성기를 입으로 잘라 삼켜버렸다.

그러나 '쿠마르비'는 그것으로 세 명의 끔찍한 신들을 잉태하게 될 것이라는 소리를 듣고 잘라 삼킨 성기를 다시 토해 냈지만, 뱃속에 남아 있던 성기의 일부가 자라 '기후의 신'을 잉태하게 되고 이 '기후의 신'이 '쿠마르비'를 또다시 밀어내고 새로이 세상을 지배하게 되었다. 여기서 '아누'는 '우라노스'와 일치하며, '아누'가 '쿠마르비'를 거세한 것은 '크로노스'가 아버지 우라노스를 거세한 것과 비견되고, '기후의 신'이 '쿠마르비'를 축출한 것은 바람과 비[雨] 등을 주관한 '기후의 신'인 '제우스'가 티탄 신족과 싸워 승리한 것을 연상시킨다. 더군다나 복수의 대상이나 낫이 등장하는 것도 약간 차이가 있지만 서로 아주 비슷하다. 그리스 신화에서는 가이아가 레아와 함께 제우스로 하여금 크로노스에게 복수하게 만드는데, 히타이트 신화에서는 '아누'가 '기후의 신'을 낳아 '쿠마르비'에게 복수하게 한다. 그리고 '크로노스'가 자신의 아버지를 낫으로 거세하는데, 히타이트 신화의 「울리쿰미의 노래」에도 하늘과 땅을 분리시키는 커다란 낫이 등장한다.

'일루얀카스'와의 싸움만 '튀포에우스'와 '제우스'의 싸움을 연상시키는 것은 아니다. 위의 이야기에 이어지는 '울리쿰미(Ullikummi)' 전설도 '제우스'와 '튀포에우스'의 싸움을 연상시킨다. '기후의 신'이 세상을 지배할 당시 '쿠마르비'는 그에 대한 음모를 꾸며 바위 하나와 동침하여 '울리쿰미'라는 아들을 낳는다. 그리고 이 '울리쿰미'가 '우펠루리(Upelluri)'라는 신의 어깨에 앉자 엄청난 괴물로 변한다. 신들은 그와 대항해서 싸우지만 그를 당해 내지 못한다. 결국 '에아' 신이 그의 힘을 분쇄해서 결국 '날씨의 신'이 승리를 거둔다.

특히 두 신화에서 진행되는 이야기의 내적인 과정이 비슷하다. 그리스 신화의 '가이아'는 '기간테스'와 '튀포에우스'를 낳았다. 히타이트 신화의 '울리쿰미'도 '가이아'의 이 아들들과 똑같은 임무를 갖고 있었다. '울리쿰미' 역시 자신의 아들로 그 당시 세상을 다스리고 있던 '기후의 신'에 대해 복수하기 위해 '쿠마르비'가 낳은 자식이기 때문이다. '우펠루리' 또한 창천을 받치고 있는 그리스 신화의 '아틀라스'와 비교할 수 있을 것이다.

그러나 간과하지 말아야 할 것은 히타이트 신화와 헤시오도스의 「신통기」의 내용에는 본질적인 차이점이 있다는 것이다. 히타이트 신화는 뚜렷한 목적론이 없이 단지 왕조의 교체만을 이야기하고 있을 뿐이다. 그러나 헤시오도스의 「신통기」는 앞서 언급한 것처럼 신들의 교체사를 단순히 연대기적이고 계보적인 관점이 아닌 정의의 구현이라는 윤리적인 관점에서 정리하고 있다. 다시 말해 헤시오도스의 「신통기」에서는 단순히 시간이 흘러 때가 되었기 때문에 신들이 퇴위하는 것이 아니라 불의를 저질러서 그것에 대한 대가를 치러야 했기 때문에 몰락하는 것이다.

「신통기」에서는 물론 그리스 국내의 영향도 엿볼 수 있다. 동양인들과 마찬가지로 고대 그리스 인들도 세상의 생성과 질서에 대해 오래전부터 심사숙고했었다. 기원전 2세기에 이주해 온 그리스 인들은 주신 제우스에 고착되어 있었다. 그러나 새로운 고향의 많은 제식과 신들을 받아들여서 헤라와 아테네와 같은 여신들을 제우스와 결합시켰으며, 바로 이때부터 신들의 계보에 대한 체계화의 싹이 움트게 되었다. 그리고 신화와 종족의 전설을 잘 알아야 했던 헤시오도스나 호메로스 이전의 음유 시인들도 헤시오도스 식으로 신들을 계보로 정리해서 참고했을 것이다. 특히 이오니아 지방에는 신들을 계보적으로 정리한 '신통기'나 '우주론'이 있었다고 전해지고 있다. 물론 이런 책들은 아쉽게도 현재까지 남아 있지 않다. 하지만 헤시오도스는 그것들을 참조했음에 틀림없을 것이다.

그러나 무엇보다도 헤시오도스의 「신통기」는 호메로스의 영향이 컸다. 특히 지하 세계나 청동 문과 청동 문지방이 있는 타르타로스 그리고 테튀스나 오케아노스는 호메로스의 「일리아스」에 그려진 모습들과 거의 일치한다. 또한 헤시오도스는 호메로스로부터 최고의 신으로서의 제우스, 그의 철통 같은 지배력, 신들의 거주지로서의 올륌포스 산, 헤라와 제우스의 결혼, 아테네와 아폴론과 아르테미스 그리고 포세이돈과 하데스의 형제로서의 제우스를 그대로 넘겨받고 있다. 헤시오도스의 제우스는 그대로 호메로스의 제우스인 것이다. 그리고 두 시인은 똑같이 세상을 하늘, 바다, 지하세계 등 세 영역으로 나누어 각각 제우스, 포세이돈, 하데스에게 나누어 다스리게 하였다.

헤시오도스의 「노동과 나날」도 동양의 영향을 받았다. 인류의 다섯 시대에 대한 기본 구조는 인도의 네 시대에 대한 이야기와 일치한다. 특히 작품 속에 들어 있는 격자 이야기나, 격언 등이 들어 있는 교훈적인 형식은 동양에 널리 퍼져 있던 형식이었다. 물론 그러한 영향이 헤시오도스의 작품과 직접 어떤 연관이 있는지 정확하게 규명할 수는 없지만 어쨌든 동양의 교훈 문학이 「노동과 나날」의 배경을 이루고 있는 것만은 사실이다. 수메르의 금언서로 기원전 2000년 전에 쓰여 동부 지중해권에서 많은 영향을 끼친 「수루팍의 교훈집」이라는 책이나 이집트의 「아멘-엠-오페트의 교훈집」, 더 나아가서 구약의 「잠언집」은 「노동과 나날」과 유사점이 많다. 예를 들어 위에서 언급한 이집트의 「아멘-엠-오페트의 교훈집」에는 "네가 필요한 것을 얻으려면 땅을 갈아라!"라든지 "신이 너에게 주는 한 뼘의 땅이 폭력으로 얻은 것보다 오천 배나 더 좋다."라는 경구 등이 들어 있다.

 농부들을 위한 지침서 형식을 취한 것도 동양의 형식과 비슷하다. 벌써 「노동과 나날」이 나오기 천 년 전에 쓰인 수메르의 「니누르타의 교훈집」은, 니누르타가 농사를 짓기 위해 필요한 실용적인 지침을 자신의 아들에게 알려주는 것을 그 내용으로 하고 있다. 그리고 어떤 날이 무엇을 하기에 좋은지는 위에서 언급한 「아멘-엠-오페트의 교훈집」에도 실려 있다. 이렇듯 「노동과 나날」에서 우리는 동양의 영향을 분명하게 느낄 수 있다.

 그러나 「노동과 나날」을 쓸 때도 헤시오도스의 가장 큰 모범은 역시 호메로스였다. 아가멤논과 아킬레우스가 노획물을 놓고 벌이는 불화는 자신과 형제 페르세스와의 불화에 대한 좋은 본보기였을 것이다. 그리고 헤시오도스는 여기서 「일리아스」와는 달리 '선한 에리스'가 있다는 것을 보여주려고 했을 것이다. 또한 신에 의해 반드시 정의가 구현되고 결국 올바른 세계 질서가 확립될 것이라는 믿음도 「오뒤세이아」의 근본 주제이기도 하다. 헤시오도스의 「노동과 나날」에서 사용한 경고하는 형식도 「일리아스」의 9권에 있는 아킬레우스에게 행하는 포이닉스 노인의 연설 등 호메로스의 작품 많은 부분에 산재해 있다.

6

　헤시오도스 작품의 본질은 그가 호메로스 이후 서양에서 처음으로 후세 철학의 근본 주제를 다루기 시작했다는 점에 있다. 그것은 바로 세상의 생성과 인간의 윤리적 문제이다. 헤시오도스는 「신통기」에서는 세상의 생성과 제우스의 권력 쟁취로 이루어지는 정의로운 세계 질서의 구축 과정을 설명하고 있으며, 「노동과 나날」에서는 인류 역사를 처음부터 자신이 살던 당시까지 서술하면서 인간의 삶에 정의와 노동이 얼마나 중요한지를 설파하고 있기 때문이다. 특히 인류의 다섯 시대에 대한 헤시오도스의 성찰을 보면 그는 역사 철학과 인류학의 선구자다. 그는 또한 시문학에 처음으로 교훈을 도입하여 교훈시라는 새로운 장르도 개척하였다. 더 나아가 그는 서양 문학사상 최초로 유토피아를 기획하였으며, 정의의 본질을 파헤침으로써 최초의 법철학자가 되었다. 그리고 그의 「노동과 나날」에서 엿보이는 자연에 대한 깊은 통찰은 후세의 자연 문학의 출발점으로 여겨질 만하다.

2003년 가을
김원익

찾아보기

ㄱ

가이아(Gaia): 태초부터 있었던 대지의 여신. 21, 25~35, 40~42, 49, 53, 55~60, 70, 84~85, 172, 180, 185~186

갈라테이아(Galateia): 네레우스와 도리스의 50명의 딸들 중 하나. 42

갈락사우레(Galaxaure): 오케아노스와 테튀스가 낳은 강의 요정들 중 하나. 50

갈레네(Galene): 네레우스와 도리스의 50명의 딸들 중 하나. 42

게라스(Geras): 밤의 자식으로 노령의 신. 39

게뤼오네우스(Geryoneus): 크뤼사오르와 칼리로에의 아들. 45~46, 93

고르고네스(Gorgones): 포르퀴스와 케토가 낳은 세 명의 무시무시한 괴물 딸들. 44

귀게스(Gyges): 우라노스와 가이아가 낳은 헤카톤케이레스 삼 형제 중 하나. 32, 69~70, 75~76, 80

그라니코스(Granikos): 오케아노스와 테튀스가 낳은 강의 신들 중 하나. 49

그라이아이(Graiai): 포르퀴스와 케토가 낳은 두 명의 노파들. 44

글라우코노메(Glaukonome): 네레우스와 도리스의 50명의 딸들 중 하나. 42

글라우케(Glauke): 네레우스와 도리스의 50명의 딸들 중 하나. 42

기간테스(Gigantes): 우라노스의 피에서 나온 거인족. 21, 35, 90, 186

ㄴ

나우시노오스(Nausinoos): 오뒤세우스와 칼륍소의 두 아들들 중 하나. 96

나우시토오스(Nausithoos): 오뒤세우스와 칼륍소의 두 아들들 중 하나. 96

네레우스(Nereus): 폰토스가 혼자 낳은 아들. 31, 40~43, 88, 92, 95

네메르테스(Nemertes): 네레우스와 도리스의 50명의 딸들 중 하나. 42

네메시스(Nemesis): 밤의 자식들 중 하나로 복수의 여신. 39, 130

네사이아(Nesaia): 네레우스와 도리스의 50명의 딸들 중 하나. 42

네소(Neso): 네레우스와 도리스의 50명의 딸들 중 하나. 42

네소스(Nessos): 오케아노스와 테튀스가 낳은 강의 신들 중 하나. 49~50, 95

네이케아(Neikea): 에리스의 자식으로 불평의 신(복수). 40

노토스(Notos): 에오스가 낳은 세 명의 바람의 신들 중 하나로 남

풍의 신. 52, 83
눡스(Nyx): 카오스의 자식으로 밤의 여신. 25, 29, 38~39, 174
니케(Nike): 팔라스와 스튁스의 네명의 자식들 중 하나로 승리의 여신. 53

ㄷ

데메테르(Demeter): 크로노스와 레아의 자식들 중 하나로 농경의 여신이자 곡물의 여신. 57, 87, 91~92, 119, 136, 142, 147, 154, 167
데이모스(Deimos): 아레스와 아프로디테의 아들로 전율의 신. 88
도리스(Doris): 오케아노스와 테튀스가 낳은 강의 요정들 중 하나. 31, 42, 50
도토(Doto): 네레우스와 도리스의 50명의 딸들 중 하나. 42
뒤나메네(Dynamene): 네레우스와 도리스의 50명의 딸들 중 하나. 42
뒤스노미아(Dysnomia): 에리스의 자식으로 범죄의 신(복수). 40
디오네(Dione): 오케아노스와 테튀스가 낳은 강의 요정들 중 하나. 19, 29, 51, 173, 175
디오뉘소스(Dionysos): 제우스와 세멜레의 아들로 술의 신. 89~92, 155
디케(Dike): 세 명의 계절의 여신들 중 하나로 정의의 여신. 86, 132, 134, 177

ㄹ

라돈(Ladon): 오케아노스와 테튀스가 낳은 강의 신들 중 하나. 49
라오메데이아(Laomedeia): 네레우스와 도리스의 50명의 딸들 중 하나. 42
라케시스(Lachesis): 세 명의 운명의 여신들 중 하나. 37, 39, 84
라티노스(Latinos): 오뒤세우스와 키르케의 세 아들들 중 하나. 94
레소스(Rhesos): 오케아노스와 테튀스가 낳은 강의 신들 중 하나. 49
레아(Rhea): 우라노스와 가이아가 낳은 티탄 12신 중 하나. 19, 28~29, 38, 43, 52, 56~57, 68, 83, 178, 185
레이아고레(Leiagore): 네레우스와 도리스의 50명의 딸들 중 하나. 42
레테(Lethe): 에리스의 자식으로 망각의 신. 40
레토(Leto): 포이보스와 코이베의 딸로 아폴론과 아르테미스의 어머니. 19, 24, 30~31, 54, 87, 165
로고이(Logoi): 에리스의 자식으로 사기의 신(복수). 40
로데이아(Rhodeia): 오케아노스와 테튀스가 낳은 강의 요정들 중 하나. 50
로디오스(Rhodios): 오케아노스와 테튀스가 낳은 강의 신들 중 하나. 49
뤼시아나사(Lysianassa): 네레우스와 도리스의 50명의 딸들 중 하나. 42
리모스(Limos): 에리스의 자식으로 기아의 신. 40

ㅁ

마이아(Maia): 아틀라스의 딸이자 헤르메스의 어머니. 89, 141
마이안드로스(Maiandros): 오케아노

스와 테튀스가 낳은 강의 신들 중 하나. 49~50
마카이(Machai): 에리스의 자식으로 다툼의 신(복수). 40
메네스토(Menestho): 오케아노스와 테튀스가 낳은 강의 요정들 중 하나. 51
메노이티오스(Menoitios): 이아페토스와 클뤼메네의 네 명의 아들 중 하나. 61~62, 121
메니페(Menippe): 네레우스와 도리스의 50명의 딸들 중 하나. 42
메데이아(Medeia): 아이에테스와 이뒤이아의 딸. 42, 91, 94
메데이오스(Medeios): 이아손과 메데이아의 아들. 94
메두사(Medusa): 세 명의 고르고네스 중 하나. 18, 44~45, 48
메티스(Metis): 오케아노스와 테튀스가 낳은 강의 요정들 중 하나. 28, 51, 84~85, 88, 180
멜로보시스(Melobosis): 오케아노스와 테튀스가 낳은 강의 요정들 중 하나. 51
멜리아이(Meliai): 우라노스의 피에서 나온 물푸레나무 요정들. 35
멜리테(Melite): 네레우스와 도리스의 50명의 딸들 중 하나. 42
멜포메네(Melpomene): 아홉 명의 무사이 중 하나. 23
멤논(Memnon): 티토노스와 에오스의 두 아들 중 하나. 93
모로스(Moros): 밤의 자식으로 운명의 신. 38

모모스(Momos): 밤의 자식으로 비난의 신. 38
모이라이(Moirai): 밤의 딸들로 세 명의 운명의 여신들. 31, 38~39, 86, 174~175
무사이(Mousai): 므네모쉬네와 제우스 사이에서 태어난 아홉 명의 딸들. 17~26, 87, 91, 95~96, 115, 158, 170~171
므네모쉬네(Mnemosyne): 우라노스와 가이아가 낳은 티탄 12신 중 하나로 기억의 여신. 17, 19, 21~22, 31, 85, 87

ㅂ
벨레로폰(Bellerophon): 괴물 키마이라를 죽인 영웅. 48
보레아스(Boreas): 에오스가 낳은 세 명의 바람의 신들 중 하나로 북풍의 신. 43, 52, 83
브론테스(Brontes): 우라노스와 가이아가 낳은 퀴클롭스 삼 형제 중 하나. 31
브리아레오스(Briareos): 우라노스와 가이아가 낳은 헤카톤케이레스 삼 형제 중 하나. 32, 69~70, 75~76, 80
비아(Bia): 팔라스와 스튁스의 네 명의 자식들 중 하나로 폭력의 신. 53

ㅅ
사오(Sao): 네레우스와 도리스의 50명의 딸들 중 하나. 42
상가리오스(Sangarios): 오케아노스

와 테튀스가 낳은 강의 신들 중 하나. 49
세멜레(Semele): 카드모스와 하르모니아의 네 명의 딸들 중 하나. 89, 92
셀레네(Selene): 휘페리온과 테이아의 세 명의 자식들 중 하나로 달의 여신. 19, 52
스카만드로스(Skamandros): 오케아노스와 테튀스가 낳은 강의 신들 중 하나. 50
스테노(Sthenno): 세 명의 고르고네스 중 하나. 44
스테로페스(Steropes): 퀴클롭스 삼형제 중 하나. 31
스틱스(Styx): 오케아노스와 테튀스가 낳은 강의 요정들 중 하나. 41, 51~53, 78~80, 89
스트뤼몬(Strymon): 오케아노스와 테튀스가 낳은 강의 신들 중 하나. 49
스페이오(Speio): 네레우스와 도리스의 50명의 딸들 중 하나. 42
스핑크스(Sphinx): 오르토스와 키마이라가 낳은 두 명의 괴물 자식들 중 하나. 48, 150
시모에이스(Simoeis): 오케아노스와 테튀스가 낳은 강의 신들 중 하나. 49

ㅇ
아가우에(Agaue): 네레우스와 도리스의 50명의 딸들 중 하나. 42
아가우에(Agaue): 카드모스와 하르모니아의 네 딸들 중 하나. 92
아그리오스(Agrios): 오뒤세우스와 키르케의 두 아들 중 하나. 96

아글라이아(Aglaia): 세 명의 우미의 여신들 중 하나. 22, 86, 90
아드메테(Admete): 오케아노스와 테튀스가 낳은 강의 요정들 중 하나. 50
아레스(Ares): 제우스와 헤라의 아들로 전쟁의 신. 87~89, 127, 174
아르게스(Arges): 세 명의 퀴클롭스 중 하나. 31
아르데스코스(Ardeskos): 오케아노스와 테튀스가 낳은 강의 요정들 중 하나. 50
아르테미스(Artemis): 제우스와 레토의 딸로 달과 사냥의 신. 19, 24, 54, 87, 92, 154, 182, 188
아리스타이오스(Aristaios): 아우토노에의 남편. 92, 94
아리아드네(Ariadne): 미노스와 파시파에의 딸이자 디오뉘소스의 아내. 90
아스타리오스(Astarios): 크레이오스와 에우뤼비아의 아들이자 페르세스의 남편. 30
아스테리아(Asteria): 코이오스와 포이베의 딸. 30, 54
아시아(Asia): 오케아노스와 테튀스가 낳은 강의 요정들 중 하나. 51
아엘로(Aello): 두 명의 하르퓌아이 중 하나. 43
아우토노에(Autonoe): 네레우스와 도리스의 50명의 딸들 중 하나. 42
아우토노에(Autonoe): 카드모스와 하르모니아의 네 딸들 중 하나. 92
아이네이아스(Aineias): 앙키세스와 아프로디테의 아들. 95
아이도스(Aidos): 수치의 여신. 130

아이세포스(Aisepos): 오케아노스와 테튀스가 낳은 강의 신들 중 하나. 49
아이손(Aison): 이아손의 아버지. 94
아이아코스(Aiakos): 네레우스와 도리스의 50명의 딸들 중 하나인 프사마테의 남편. 95
아이에테스(Aietes): 헬리오스와 페르세이스의 아들. 91, 94
아이테르(Aither): 밤과 에레보스의 자식으로 밝은 대기의 신. 29
아카스테(Akaste): 오케아노스와 테튀스가 낳은 강의 요정들 중 하나. 51
아켈로오스(Acheloos): 오케아노스와 테튀스가 낳은 강의 신들 중 하나. 49
아킬레우스(Achilleus): 트로이 전쟁에서 전사한 펠레우스와 테티스의 아들. 31, 47, 93, 95, 129, 181, 189
아테(Ate): 에리스의 자식으로 파괴의 신. 40
아테나(Athena): 제우스의 머리에서 나온 제우스와 메티스의 딸. 18, 44, 47, 69, 84~85, 87~88, 95, 121~122, 144, 180~181
아트로포스(Atropos): 운명의 여신인 모이라이 세 자매 중 하나. 38~39, 86
아틀라스(Atlas): 이아페토스와 클뤼메네의 네 명의 아들들 중 하나. 36, 60~62, 77, 89~90, 121, 141, 155, 174, 184
아파테(Apate): 밤의 자식으로 술수의 신. 39
아폴론(Apollon): 제우스와 레토의 아들로 태양과 수금의 신. 18~20, 22, 25, 31, 50, 54, 59, 87, 92, 154, 165, 188
아프로디테(Aphrodite): 바다거품에서 태어난 미의 여신. 19, 35~36, 81, 91~92, 94~95
악타이아(Aktaia): 네레우스와 도리스의 50명의 딸들 중 하나. 42
안드로크타시아이(Androktasiai): 에리스의 자식으로 타살의 신. 40
알게아(Algea): 에리스의 자식으로 고통의 신(복수). 40
알크메네(Alkmene): 암피트뤼온의 부인이자 헤라클레스의 어머니. 47, 63, 90
알페이오스(Alpheios): 오케아노스와 테튀스가 낳은 강의 신들 중 하나. 49~50
암피다마스(Amphidamas): 칼키스의 귀족으로 전쟁 영웅. 157, 171
암피로(Amphiro): 오케아노스와 테튀스가 낳은 강의 요정들 중 하나. 51
암피트리테(Amphitrite): 네레우스와 도리스의 50명의 딸들 중 하나. 42, 88
암필로기아이(Amphilogiai): 에리스의 자식으로 논쟁의 신(복수). 40
앙키세스(Anchises): 아프로디테의 사랑을 받아 아이네이아스의 아버지가 되는 인간. 95
에뉘오(Enyo): 두 명의 그라이아이 중 하나. 44
에라토(Erato): 네레우스와 도리스의 50명의 딸들 중 하나. 42
에라토(Erato): 아홉 명의 무사이

찾아보기 195

중 하나. 23
에레보스(Erebos) : 카오스의 자식으로 암흑의 신. 29, 62, 72, 77
에로스(Eros) : 태초부터 존재했던 사랑의 신. 28~29, 37, 172~174
에리뉘에스(Erinyes) : 우라노스의 피에서 태어난 복수의 여신들. 35, 39, 167
에리다노스(Eridanos) : 오케아노스와 테튀스가 낳은 강의 신들 중 하나. 49~50
에리스(Eris) : 밤의 자식으로 불화의 여신. 38~40, 95, 117~119, 169, 176, 189
에마티온(Emathion) : 티토노스와 에오스의 아들. 93
에오스(Eos) : 휘페리온과 테이아의 딸로 새벽의 여신. 19, 52, 57, 155
에우노미아(Eunomia) : 세 명의 계절의 여신들 중 하나로 질서의 여신. 86
에우니케(Eunike) : 네레우스와 도리스의 50명의 딸들 중 하나. 42
에우도레(Eudore) : 네레우스와 도리스의 50명의 딸들 중 하나. 42
에우도레(Eudore) : 오케아노스와 테튀스가 낳은 강의 요정들 중 하나. 51
에우로페(Europe) : 오케아노스와 테튀스가 낳은 강의 요정들 중 하나. 51, 89
에우뤼노메(Eurynome) : 오케아노스와 테튀스가 낳은 강의 요정들 중 하나. 51, 84
에우뤼비아(Eurybia) : 폰토스와 가이아의 네 명의 자식들 중 하나. 41, 52
에우뤼스테우스(Eurystheus) : 헤라클레스에게 12가지 과업을 준 바보 왕. 45~47
에우뤼알레(Euryale) : 세 명의 고르고네스 중 하나. 44
에우아고레(Euagore) : 네레우스와 도리스의 50명의 딸들 중 하나. 42
에우아르네(Euarne) : 네레우스와 도리스의 50명의 딸들 중 하나. 42
에우에노스(Euenos) : 오케아노스와 테튀스가 낳은 강의 신들 중 하나. 49
에우크란테(Eukrante) : 네레우스와 도리스의 50명의 딸들 중 하나. 42
에우테르페(Euterpe) : 아홉 명의 무사이 중 하나. 23
에우폼페(Eupompe) : 네레우스와 도리스의 50명의 딸들 중 하나. 42
에우프로쉬네(Euphrosyne) : 세 명의 우미의 여신들 중 하나. 22, 86
에울리메네(Eulimene) : 네레우스와 도리스의 50명의 딸들 중 하나. 42
에이레네(Eirene) : 세 명의 계절의 여신들 중 하나로 평화의 여신. 86
에이오네(Eione) : 네레우스와 도리스의 50명의 딸들 중 하나. 42
에일레이튀이아(Eileithyia) : 제우스와 헤라의 딸로 해산의 여신. 87
에키드나(Echidna) : 칼리로에의 딸로 괴물. 46~47
에피메테우스(Epimetheus) : 이아페토스와 클뤼메네의 네 명의 아들들 중 하나. 61, 121~124
엘렉트라(Elektra) : 오케아노스와 테튀스가 낳은 강의 요정들 중 하나. 43, 50, 92, 141

오네이로이(Oneiroi): 밤의 자식으로 꿈의 신(복수). 38
오뒤세우스(Odysseus): 키르케와 칼립소의 남편. 96
오르토스(Orthos): 게뤼오네우스의 개로 튀파온과 에키드나의 아들. 45~48
오이디푸스(Oidipus): 아버지를 죽이고 어머니와 결혼하는 테베의 왕이자 안티고네의 아버지. 48, 93, 128, 150
오이쥐스(Oizys): 밤의 자식으로 궁핍의 신. 38
오케아노스(Okeanos): 우라노스와 가이아가 낳은 티탄 12신 중 하나. 19, 30~31, 38, 41~45, 49~53, 61, 74, 78~82, 86, 90~91, 122, 129, 152, 187
오퀴로에(Okyroe): 오케아노스와 테튀스가 낳은 강의 요정들 중 하나. 51
오퀴페테(Okypete): 두 명의 하르퓌아이 중 하나. 43
우라노스(Uranos): 가이아가 혼자 낳은 아들로 하늘의 신. 19, 21, 27, 30, 32~34, 36, 39, 44, 49~50, 55, 57~58, 60, 69, 171~172, 180, 184~185
우라니아(Urania): 아홉 명의 무사이 중 하나. 23
우라니아(Urania): 오케아노스와 테튀스가 낳은 강의 요정들 중 하나. 50
이노(Ino): 카드모스와 하르모니아의 네 명의 딸들 중 하나. 92
이뒤이아(Idyia): 오케아노스와 테튀스가 낳은 강의 요정들 중 하나. 50, 91
이리스(Iris): 타우마스와 엘렉트라의 딸로 무지개의 여신. 41, 43, 78~79
이스트로스(Istros): 오케아노스와 테튀스가 낳은 강의 신들 중 하나. 지금의 다뉴브 강. 49~50
이아네이라(Ianeira): 오케아노스와 테튀스가 낳은 강의 요정들 중 하나. 51
이아손(Iason): 메데이아의 남편이자 아이손의 아들. 91, 94
이아시온(Iasion): 데메테르의 남편. 91~92
이아페토스(Iapetos): 우라노스와 가이아가 낳은 티탄 12신 중 하나. 19, 31, 61, 63~66, 69, 77, 121
이안테(Iante): 오케아노스와 테튀스가 낳은 강의 요정들 중 하나. 50
이올라오스(Iolaos): 헤라클레스를 수행하며 도와주는 이피클레스의 아들. 47

ㅈ

제우스(Zeus): 크로노스와 레아의 여섯 명의 자식들 중 하나. 18~23, 32, 45~50, 53~74, 76, 79~91, 94, 96, 111, 116, 119~125, 129, 132~135, 138, 140, 143, 147~148, 152, 156, 158~159, 162, 165, 171~177, 180~190
제욱소(Zeuxo): 오케아노스와 테튀스가 낳은 강의 요정들 중 하나. 50
제퓌로스(Zephyros): 에오스가 낳은 세 명의 바람 신들 중 서풍의 신. 52, 88
젤로스(Zelos): 팔라스와 스튁스의 네 명의 자식들 중 하나로 질투의 여신. 53

ㅋ

카드모스(Kadmos): 하르모니아의 남편이자 테베의 건설자. 48~49, 92, 128

카리테스(Charites): 우미의 세 여신들. 22, 86

카오스(Chaos): 태초에 있었던 혼돈의 신. 27~29, 74, 172

카이코스(Kaikos): 오케아노스와 테튀스가 낳은 강의 신들 중 하나. 49~50

칼륍소(Kalypso): 오케아노스와 테튀스가 낳은 강의 신들 중 하나. 51, 96

칼리로에(Kallirhoe): 오케아노스와 테튀스가 낳은 강의 요정들 중 하나. 45, 50, 93

칼리오페(Kalliope): 아홉 명의 무사이 중 하나. 23~24

케레스(Keres): 복수의 여신과 비슷한 역할을 하는 신으로 케르의 복수형. 38~39

케르(Ker): 밤의 자식들 중 하나로 파멸의 신. 38

케르베로스(Kerberos): 튀파온과 에키드나의 아들로 머리가 100개나 달린 괴물 개. 47, 78

케르케이스(Kerkeis): 오케아노스와 테튀스가 낳은 강의 요정들 중 하나. 51

케이론(Cheiron): 반인반마의 켄타우로스 족으로 메데이오스의 스승. 94

케토(Keto): 폰토스와 가이아의 네 명의 자식 중 하나. 41, 43~44, 46, 49

케팔로스(Kephalos): 에오스의 남편. 93

코이오스(Koios): 우라노스와 가이아가 낳은 티탄 12신 중 하나. 30, 54

코토스(Kottos): 우라노스와 가이아가 낳은 헤가톤케이레스 삼 형제 중 하나. 32, 69~70, 72, 75~76, 80

퀴마톨레게(Kymatolege): 네레우스와 도리스의 50명의 딸들 중 하나. 42

퀴모(Kymo): 네레우스와 도리스의 50명의 딸들 중 하나. 42

퀴모도케(Kymodoke): 네레우스와 도리스의 50명의 딸들 중 하나. 42

퀴모토에(Kymothoe): 네레우스와 도리스의 50명의 딸들 중 하나. 42

퀴클롭스(Kyklops): 우라노스와 가이아의 사이에서 태어난 눈이 하나밖에 없는 삼 형제. 31~33

퀴테레이아(Kythereia): 아테나의 또 다른 이름. 36, 88

크라토스(Kratos): 팔라스와 스튁스가 낳은 세 아들 중 하나로 힘의 신. 53

크레이오스(Kreios): 우라노스와 가이아가 낳은 티탄 12신 중 하나. 30, 41, 52

크로노스(Kronos): 우라노스와 가이아가 낳은 티탄 12신 중 하나. 19, 23, 28, 31~35, 44, 53, 57~59, 65, 70, 82, 85, 125, 172, 179~180, 184~185

크뤼사오르(Chrysaor): 메두사의 피에서 생겨난 괴물. 44~45, 93

크뤼세이스(Chryseis): 오케아노스와 테튀스가 낳은 강의 요정들 중 하나. 51

크산테(Xanthe): 오케아노스와 테튀스가 낳은 강의 요정들 중 하나. 51

클레이오(Kleio): 아홉 명의 무사이

여신들 중 하나. 23
클로토(Klotho): 세 명의 운명의 중 하나. 39, 86
클뤼메네(Klymene): 오케아노스와 테튀스가 낳은 강의 요정들 중 하나. 50, 61
클뤼티에(Klytie): 오케아노스와 테튀스가 낳은 강의 요정들 중 하나. 50
키르케(Kirke): 헬리오스와 페르세이스의 딸. 91, 96
키마이라(Chimaira): 휘드라의 딸로 벨레로폰에 의해 죽는 괴물. 47~48

ㅌ

타나토스(Thanatos): 밤의 자식으로 죽음의 신. 38, 77
타르타로스(Tartaros): 지하세계의 가장 깊은 곳. 28~29, 70, 73, 75~76, 79~83, 187
타우마스(Thaumas): 폰토스와 가이아의 네 명의 자식들 중 하나. 41, 43
탈레이아(Thaleia): 아홉 명의 무사이 중 하나. 23
탈리아(Thalia): 세 명의 우미의 여신들 중 하나. 24, 50, 86, 95
테릅시코레(Terpsichore): 아홉 명의 무사이 중 하나. 23
테미스(Themis): 우라노스와 가이아가 낳은 티탄 12신 중 하나. 19, 31, 39, 84~85, 174~175
테미스토(Themisto): 네레우스와 도리스의 50명의 딸들 중 하나. 42
테이아(Theia): 우라노스와 가이아가 낳은 티탄 12신 중 하나. 31, 42, 52

테튀스(Tethys): 우라노스와 가이아가 낳은 티탄 12신 중 하나. 31, 49~51, 122, 187
테티스(Thetis): 네레우스와 도리스의 50명의 딸들 중 하나. 31, 42, 95
텔레고노스(Telegonos): 오뒤세우스와 키르케의 세 명의 아들 중 하나. 96
텔레스토(Telesto): 오케아노스와 테튀스가 낳은 강의 요정들 중 하나. 51
토에(Thoe): 네레우스와 도리스의 50명의 딸들 중 하나. 42
토에(Thoe): 오케아노스와 테튀스가 낳은 강의 요정들 중 하나. 51
튀케(Tyche): 오케아노스와 테튀스가 낳은 강의 요정들 중 하나. 51
튀파온(Typhaon): 괴물 에키드나의 남편. 46
튀포에우스(Typhoeus): 타르타로스와 가이아가 낳은 아들. 33, 81~83, 184~186
트리토게네이아(Tritogeneia): 아테나의 또 다른 이름. 85
트리톤(Triton): 포세이돈과 암피트리테의 아들. 88
티탄(Titan): 우라노스와 가이아가 낳은 12명의 자식들. 27~28, 30~33, 37, 41, 51, 53, 69~76, 80~82, 84, 172, 185
티토노스(Tithonos): 에오스의 남편. 93

ㅍ

파노페(Panope): 네레우스와 도리스의 50명의 딸들 중 하나. 42

파르테니오스(Parthenios): 오케아노스와 테튀스가 낳은 강의 신들 중 하나. 49
파시스(Phasis): 오케아노스와 테튀스가 낳은 강의 신들 중 하나. 49~50
파시테아(Pasithea): 네레우스와 도리스의 50명의 딸들 중 하나. 42
파에톤(Phaethon): 케팔로스와 에오스의 아들. 93~94, 96
판도라(Pandora): 제우스의 명령에 따라 만들어진 최초의 여성. 62, 66, 120, 123~124, 178, 182, 184
팔라스(Pallas): 크레이오스와 에우뤼비아의 아들. 30, 52~53, 67, 122
페가소스(Pegasos): 메두사의 피에서 생겨난 천마. 18, 44~48
페네이오스(Peneios): 오케아노스와 테튀스가 낳은 강의 신들 중 하나. 49
페루사(Pherusa): 네레우스와 도리스의 50명의 딸들 중 하나. 42
페르세스(Perses): 크레이오스와 에우뤼비아의 세 아들 중 하나. 30, 52, 54
페르세스(Perses): 헤시오도스의 형제. 116~119, 132, 134~136, 144, 155, 157~158, 170, 175, 189
페르세우스(Perseus): 제우스와 다나에의 아들. 20, 44, 46~48
페르세이스(Perseis): 오케아노스와 테튀스가 낳은 강의 요정들 중 하나. 51, 91
페르세포네(Persephone): 제우스와 데메테르의 딸이자 하데스의 부인. 78, 87
페이시토에(Peisithoe): 오케아노스와 테튀스가 낳은 강의 요정들 중 하나. 50
페이토(Peitho): 오케아노스와 테튀스가 낳은 강의 요정들 중 하나로 설득의 여신. 50, 122
페트라이아(Petraia): 오케아노스와 테튀스가 낳은 강의 요정들 중 하나. 51
펠레우스(Peleus): 테티스의 남편이자 아킬레우스의 아버지. 95
펠리아스(Pelias): 이아손에게 황금양피를 가져오도록 과업을 준 이올코스의 왕. 94
펨프레도(Pemphredo): 두 명의 그라이아이 중 하나. 44
포노스(Ponos): 에리스의 자식들로 고난의 신. 40
포노이(Phonoi): 에리스의 자식으로 살인의 신(복수). 40
포르퀴스(Phorkys): 폰토스와 가이아의 네 명의 자식들 중 하나. 41, 43, 49
포보스(Phobos): 아레스와 아프로디테의 아들로 공포의 신. 88
포세이돈(Poseidon): 크로노스와 레아의 여섯 명의 자식들 중 하나로 바다의 신. 19, 23, 44, 56~57, 76, 80, 154, 158, 188
포이베(Phoibe): 우라노스와 가이아가 낳은 티탄 12신 중 하나. 31, 53~54
포코스(Phokos): 아이아코스와 프

사마테의 아들. 95
폰토스(Pontos): 가이아의 아들로 육지로 둘러싸인 거대한 바다. 30, 40~41
폰토포레이아(Pontoporeia): 네레우스와 도리스의 50명의 딸들 중 하나. 42
폴뤼노에(Polynoe): 네레우스와 도리스의 50명의 딸들 중 하나. 42
폴뤼도레(Polydore): 오케아노스와 테튀스가 낳은 강의 요정들 중 하나. 51
폴뤼도로스(Polydoros): 카드모스와 하르모니아의 아들. 92
폴륌니아(Polymnia): 아홉 명의 무사이 중 하나. 23
프로노에(Pronoe): 네레우스와 도리스의 50명의 딸들 중 하나. 42
프로메테우스(Prometheus): 이아페토스와 클뤼메네의 네 명의 아들들 중 하나. 19, 31, 33, 61~65, 69, 120~121, 123~124, 126, 176~177, 182
프로토(Proto): 네레우스와 도리스의 50명의 딸들 중 하나. 42
프로토메데이아(Protomedeia): 네레우스와 도리스의 50명의 딸들 중 하나. 42
프륌노(Prymno): 오케아노스와 테튀스가 낳은 강의 요정들 중 하나. 50
프사마테(Psamathe): 네레우스와 도리스의 50명의 딸들 중 하나. 42, 95
플레이아데스(Pleiades): 아틀라스의 딸들. 141~142, 152, 155~156
플렉사우레(Plexaure): 오케아노스와 테튀스가 낳은 강의 요정들 중 하나. 50
플루토(Pluto): 오케아노스와 테튀스가 낳은 강의 요정들 중 하나. 51, 92
플루토스(Plutos): 이아시온과 데메테르의 아들로 풍요의 신. 92
필로테스(Philotes): 밤의 자식으로 우정의 신. 39
필뤼라(Philyra): 반인반마인 케이론의 어머니. 94

ㅎ

하데스(Hades): 크로노스와 레아가 낳은 여섯 명의 자식들 중 하나로 지하세계의 신. 23, 29, 47, 57, 78, 82, 87, 127, 188
하르모니아(Harmonia): 아레스와 아프로디테의 딸이자 카드모스의 아내. 89, 92
하르퓌아이(Harpyai): 타우마스와 엘라트라의 두 명의 딸. 43~44
할리메데(Halimede): 네레우스와 도리스의 50명의 딸들 중 하나. 42
할리아(Halia): 네레우스와 도리스의 50명의 딸들 중 하나. 42
할리아크몬(Haliakmon): 오케아노스와 테튀스가 낳은 강의 신들 중 하나. 22, 49~50
헤라(Hera): 크로노스와 레아의 딸로 결혼과 가정의 신. 18, 47~48, 57, 66, 78, 87~89, 95, 122, 180, 187~188

헤라클레스(Herakles): 제우스와 알크메네의 아들. 45~49, 63, 90, 93~95, 181~182

헤르메스(Hermes): 제우스와 마이아의 아들로 상업과 도둑의 신이자 신들의 전령. 18, 56, 78, 89, 93, 122

헤르모스(Hermos): 오케아노스와 테튀스가 낳은 강의 신들 중 하나. 49~50

헤메라(Hemera): 밤과 에레보스의 자식으로 낮의 신. 29, 77

헤베(Hebe): 제우스와 헤라의 딸로 청춘의 여신. 19, 87, 90

헤스티아(Hestia): 크로노스와 레아의 딸로 화로의 여신. 57

헤스페리데스(Hesperides): 황금사과를 지키는 밤의 딸들. 38, 44, 62, 176

헤카테(Hekate): 페르세스와 아스테리아의 딸로 지하의 여신. 54~56

헤파이스토스(Hephaistos): 헤라가 혼자 낳은 아들로 대장장이 신. 18, 56, 66~67, 83, 88, 90, 92, 121~122, 180

헬레나(Helena): 스파르타의 왕 메넬라오스의 왕비. 128

헬리오스(Helios): 휘페리온과 테이아의 아들로 태양의 신. 19, 33, 52, 77, 90~91, 94, 96, 153

헵타포로스(Heptaporos): 오케아노스와 테튀스가 낳은 강의 신들 중 하나. 49

호라이(Horai): 제우스와 테미스의 딸들로 세 명의 계절의 여신. 31

호르코스(Horkos): 에리스의 자식으로 맹세의 신. 41, 132

휘드라(Hydra): 튀파온과 에키드나의 딸로 머리가 100개 달린 괴물. 47

휘스미나이(Hysminai): 에리스의 자식으로 전쟁의 신(복수). 40

휘페리온(Hyperion): 우라노스와 가이아가 낳은 12명의 티탄 신들 중 하나로 태양의 신. 30, 52, 96

휘프노스(Hypnos): 밤의 자식으로 잠의 신. 38, 77

히메로스(Himeros): 에로스와 함께 아프로디테를 수행하는 동경의 여신. 24, 29, 37

히포(Hippo): 오케아노스와 테튀스가 낳은 강의 요정들 중 하나. 50

히포노에(Hipponoe): 네레우스와 도리스의 50명의 딸들 중 하나. 42

히포토에(Hippothoe): 네레우스와 도리스의 50명의 딸들 중 하나. 42

신 통 기

그리스 신들의 계보

1판 1쇄 펴냄 | 2003년 11월 25일
1판 7쇄 펴냄 | 2022년 4월 26일

지은이 | 헤시오도스
옮긴이 | 김원익
발행인 | 박근섭, 박상준
펴낸곳 | (주)민음사

출판등록 1966. 5. 19. (제16-490호)
서울특별시 강남구 도산대로1길 62(신사동)
강남출판문화센터 5층(우편번호 06027)
대표전화 02-515-2000 | 팩시밀리 02-515-2007
www.minumsa.com

ⓒ 김원익, 2003. Printed in Seoul, Korea.

ISBN 978-89-374-8051-5 03210

* 잘못 만들어진 책은 구입처에서 교환해 드립니다.